MÉTODOS PARA ENSINAR
COMPETÊNCIAS

Z12m   Zabala, Antoni.
        Métodos para ensinar competências / Antoni Zabala, Laia Arnau ; tradução: Grasielly Hanke Angeli ; revisão técnica: Luciana Vellinho Corso. – Porto Alegre : Penso, 2020.
        192 p. il. ; 23 cm.

        ISBN 978-85-8429-206-6

        1. Práticas pedagógicas. 2. Ensino. I. Arnau, Laia. II. Título.

CDU 37.022

Catalogação na publicação: Karin Lorien Menoncin – CRB 10/2147

ANTONI
ZABALA

LAIA
ARNAU

MÉTODOS PARA ENSINAR
COMPETÊNCIAS

Tradução
Grasielly Hanke Angeli

Revisão técnica
Luciana Vellinho Corso
*Professora adjunta da Faculdade de Educação da Universidade Federal do
Rio Grande do Sul (UFRGS). Mestra em Educação pela Flinders University – Austrália.
Doutora em Educação pela UFRGS.*

Porto Alegre
2020

Obra originalmente publicada sob o título
Métodos para la enseñanza de las competencias.
ISBN 9788499805450
Copyright © 2014, Editorial GRAÓ, de IRIF, SL.
Tradução em língua portuguesa publicada sob o selo PENSO,
uma empresa Grupo A Educação S.A.

Gerente editorial
Letícia Bispo de Lima

Colaboraram nesta edição
Editora
Paola Araújo de Oliveira

Capa
Márcio Monticelli

Imagem da capa
©shutterstock.com / New Africa,
Cordas coloridas amarradas com nó no fundo branco. Conceito de unidade

Preparação de originais
Heloísa Stefan

Leitura final
Priscila Zigunovas

Editoração
Ledur Serviços Editoriais Ltda.

Reservados todos os direitos de publicação, em língua portuguesa, ao
GRUPO A EDUCAÇÃO S.A.
(Penso é um selo editorial do GRUPO A EDUCAÇÃO S.A.)
Av. Jerônimo de Ornelas, 670 – Santana
90040-340 – Porto Alegre – RS
Fone: (51) 3027-7000 Fax: (51) 3027-7070

SÃO PAULO
Rua Doutor Cesário Mota Jr., 63 – Vila Buarque
01221-020 – São Paulo – SP
Fone: (11) 3221-9033

SAC 0800 703-3444 – www.grupoa.com.br

É proibida a duplicação ou reprodução deste volume, no todo ou em parte, sob quaisquer
formas ou por quaisquer meios (eletrônico, mecânico, gravação, fotocópia, distribuição
na Web e outros), sem permissão expressa da Editora.

IMPRESSO NO BRASIL
PRINTED IN BRAZIL

AUTORES

Antoni Zabala

Licenciado em Pedagogia e Ciências da Educação. É presidente do Instituto de Recursos e Investigación para la Formación (IRIF), Espanha, e membro do conselho editorial da revista *Guix*. Em sua extensa carreira profissional, participou, individual ou coletivamente, de aconselhamento e pesquisa em centros educacionais sobre as diferentes fases e áreas do desenvolvimento curricular e da formação de professores, sendo autor de vários artigos e livros relacionados à função de planejamento. É autor de *A prática educativa: como ensinar*, *Como trabalhar os conteúdos procedimentais em aula* e *Como aprender e ensinar competências*, todos publicados no Brasil pelo selo Penso.

Laia Arnau

Licenciada em Pedagogia e pós-graduada em Formação nas Organizações pela Universitat de Barcelona. Colaborou nos grupos de pesquisa GREPI e EVACRE, ambos da Faculdade de Pedagogia da Universitat de Barcelona, e trabalhou no campo de treinamento, avaliação e desenvolvimento de habilidades profissionais. Durante anos, concentrou sua atividade profissional no campo educacional, tanto na área de formação de professores quanto no desenho e desenvolvimento de projetos educacionais para educação infantil e ensinos fundamental e médio, embora esteja vinculada ao treinamento nas organizações. É autora, juntamente com Antoni Zabala, de *Como aprender e ensinar competências*, publicado no Brasil pelo selo Penso.

SUMÁRIO

Introdução 1

1. Um ensino baseado na formação de competências para a vida 5

2. Características e condições para um ensino de competências.. 17

3. Métodos para ensinar competências... 36

4. Método de projetos 51

5. Centros de interesse 69

6. Método de pesquisa do meio 85

7. Projetos de trabalho globais 103

8. Estudo de caso e aprendizagem baseada em problemas......... 120

9. *Role-playing* e simulação.. 138

10. Aprendizagem-serviço 155

11. Aprendizagem produtiva... 170

12. Considerações finais.. 187

Referências 189

INTRODUÇÃO

Nos últimos anos, vimos um aumento na presença das competências nos currículos oficiais da maioria dos países, nos cursos de formação de professores e nos debates sobre o que e como a escola deve ensinar. Mas o que, de fato, são competências? São um novo conteúdo de aprendizagem? Envolvem uma nova maneira de ensinar?

Ao longo deste livro, nos desafiamos a responder a essas perguntas e a analisar como podemos desenvolver as competências em sala de aula. Embora o termo *competências* seja relativamente novo, a introdução no ensino de uma educação para o desenvolvimento de competências para a vida não é novidade para muitos professores, uma vez que sempre se entendeu que a formação para a vida é o propósito da escola. No entanto, essa não tem sido a norma na maioria das salas de aula, em que os conteúdos de aprendizagem concentram-se, historicamente, no conhecimento dos assuntos considerados necessários para uma trajetória basicamente acadêmica.

O ensino de competências para a vida traz dois desafios. O primeiro vem da necessidade de os conteúdos de aprendizagem, seja qual for a sua tipologia (conhecimentos, habilidades, valores ou atitudes), serem aprendidos de forma funcional. O segundo é determinado pela introdução de novos conteúdos relacionados às esferas pessoal, interpessoal e social.

Portanto, a necessidade de dotar de funcionalidade os conteúdos de aprendizagem em diferentes situações cotidianas (acadêmica, familiar, social, laboral, etc.) requer, sem dúvidas, mudanças na forma de ensinar. A partir da análise das implicações metodológicas para o ensino de competências e da revisão dos métodos que foram desenvolvidos ao longo do tempo, podemos concluir que não é preciso criar uma nova metodologia, mas, sim, atualizar os métodos existentes à luz do conhecimento psicopedagógico que temos hoje.

Neste livro, selecionamos uma amostra dos métodos mais relevantes, os quais analisaremos minuciosamente ao longo dos capítulos. A maioria deles nasceu no início do século XX, com o amparo da Escola Nova e da Escola Ativa, mas outros foram surgindo até o final daquele século. Assim, entre os métodos que analisamos estão o método de projetos, os centros de interesse, o método de pesquisa do meio, os projetos de trabalho globais, o *role-playing* e a simulação, o estudo de casos e a aprendizagem baseada em problemas, a aprendizagem-serviço e a aprendizagem produtiva.

Nosso objetivo é fornecer uma visão global de diferentes possibilidades de abordagem dos processos de ensino em sala de aula, sempre levando em conta uma premissa comum a todos os métodos: a revisão prévia do que sabemos hoje sobre como os alunos aprendem. Tentamos fazer um raio X do que as competências representam, de como devem ser aprendidas e de como podemos aplicar os métodos que selecionamos para ensiná-las. Em alguns casos, a aplicação dos métodos exigirá diferentes adaptações na forma como eles são iniciados, seja na apresentação dos objetivos ou na identificação dos conhecimentos prévios dos alunos, por exemplo. Em outros, será necessário incluir estágios intermediários no seu desenvolvimento, como a construção dos conceitos ou a definição e a aplicação do processo de pesquisa. Outros, ainda, precisarão de reforço das fases finais, insistindo na síntese ou na revisão da aprendizagem.

Além da análise e da atualização dos métodos à luz do conhecimento atual sobre os processos de aprendizagem, o livro apresenta uma estrutura comum e inclui vários exemplos de sequências didáticas para aplicá-los. Assim, nossa intenção é ajudar os professores a introduzirem tais métodos em seu dia a dia e a verem como podem desenvolver as diferentes fases apresentadas. Os exemplos abordam tópicos diversos e são enquadrados em diferentes áreas e níveis de ensino, a fim de dar uma visão geral de sua aplicação.

Sabemos que as mudanças na metodologia devem coexistir com muitos fatores, por exemplo, os recursos de cada escola, a relação professor/aluno, a organização do tempo, a motivação, a formação e a experiência anterior do professor, bem como a conscientização coletiva de todos os docentes para compartilhar itinerários comuns.

Acreditamos que o desenvolvimento de competências para a vida representa uma mudança positiva na formação dos alunos, ao mesmo tempo em que lhes fornece as ferramentas exigidas pela sociedade do século XXI. Também sabemos que é difícil para os professores abandonarem modelos e formas de fazer já

Métodos para ensinar competências **3**

integrados, ministrarem a aula de maneira mais dinâmica e flexível, e adaptarem os objetivos à evolução do grupo e aos diferentes ritmos de aprendizagem. Por essa razão, propomos um itinerário em que o professor possa fazer pequenas mudanças no seu dia a dia, a fim de que consiga abordar progressivamente outros modelos e métodos que facilitem o ensino das competências.

1

UM ENSINO BASEADO NA FORMAÇÃO DE COMPETÊNCIAS PARA A VIDA

Competências básicas: concretização das intenções educacionais de uma escola com o propósito de preparar para a vida

Uma das funções do uso do conceito de *competência* no ensino é dada por sua origem no mundo laboral e, consequentemente, pela sua natureza questionável, caso as diferenças entre um âmbito e outro não sejam estabelecidas. O termo surge na década de 1970 para definir *aquilo que aumentava o rendimento no trabalho* e começa a ser usado na área da educação no final do século XX. Se ficássemos apenas com esse significado, dificilmente poderíamos entendê-lo no ambiente escolar. Ao contrário, vemos que ele adquire outro valor quando se considera competência como a *capacidade de resolver problemas* em qualquer situação e, sobretudo, quando se trata de situações novas ou diferentes daquelas já conhecidas e em diferentes contextos de atuação.

Essa acepção pode ser aplicada à escola, se entendermos que a sua função é preparar os alunos para responder a situações que possam surgir no futuro: uma escola que prepare para *ser capaz de agir de forma eficiente diante dos problemas com os quais o indivíduo se depara na vida*. Mas de que vida estamos falando? Da profissional, como funcionários eficientes, mas submissos e acríticos? De uma vida profissional a serviço do mercado? Preparar para uma vida acadêmica destinada a reproduzir mecanicamente a cultura existente, baseada na erudição e no enciclopedismo, ou pensada para a produção cultural e o desenvolvimento da criatividade?

6 Zabala & Arnau

Uma vez considerada a relativa conveniência do termo em questão como um instrumento conceitual que explica uma aprendizagem para a ação, a propriedade do termo deixa de ser o mais importante para dar lugar à determinação de quais são as competências que devem ser objeto de ensino.

Enquanto, no mundo laboral, o objetivo das competências era identificar o que promovia maior eficiência na realização das tarefas profissionais, a fim de aumentar a produtividade, no mundo educacional a sua introdução se deve à incapacidade manifesta dos alunos de aplicar os conhecimentos aprendidos na escola para resolver seus problemas cotidianos. A partir dessa afirmação se depreende uma opinião que, para muitos, pode ser considerada pelo menos questionável: que a função da escola é preparar para a resolução de problemas cotidianos. Em outras palavras, uma escola que desenvolve todas aquelas competências que permitem que a pessoa responda de maneira adequada aos diferentes problemas e situações da vida, não apenas no campo acadêmico e profissional, mas também, e especialmente, nas esferas pessoal, interpessoal e social. Isto é, uma formação para a vida que se concretiza no desenvolvimento de *competências básicas.*

Essa posição, claramente contrária à função tradicional da escola como transmissora de conhecimento, está totalmente alinhada com os propósitos educacionais que a maioria dos organismos internacionais defende (Organização das Nações Unidas para a Educação, a Ciência e a Cultura [Unesco], Organização das Nações Unidas [ONU], etc.), que consistem no *pleno desenvolvimento da personalidade* do aluno, o que está ligado à ideia de *formação integral* dos alunos e, com isso, aos quatro pilares da educação já apresentados pelo conhecido *Relatório Delors* (DELORS *et al.*, 1996): *saber, saber fazer, saber ser e saber conviver.* Essas ideias resgatam os princípios defendidos a partir do final do século XIX por movimentos educacionais e autores de diferentes origens, como Dewey, Ferrière, Montessori, Decroly, Freinet ou Claparède, tentando superar a preponderância do conhecimento teórico sobre a prática e desenvolver as capacidades dos alunos de forma global, em todas as áreas de seu desenvolvimento, tanto pessoal como interpessoal, social e profissional.

Formação integral *versus* formação propedêutica

A dificuldade de aceitação do termo *competências* e, em especial, de decisão sobre competências que formem para a vida é determinada pela herança de uma escola focada, principalmente, em alguns conteúdos de aprendizagem ligados a um conjunto de saberes teóricos, baseados mais na memorização do que na sua compreensão e aplicação. Isso leva à dificuldade da maioria dos alunos em utilizar essas aprendizagens na resolução de problemas e em situações reais.

A introdução do ensino de competências implica assumir dois desafios: por um lado, a ampliação dos conteúdos de aprendizagem ligados ao saber fazer, saber ser e saber conviver; por outro, a necessidade de que as aprendizagens não se reduzam à memorização, mas que possam ser aplicadas em qualquer circunstância da vida. No fundo, representa uma concretização do antigo debate entre uma escola que instrua ou uma escola que eduque.

Essas duas formas de entender a escola estão relacionadas a duas visões diferentes sobre qual deveria ser a função social que damos ao ensino. Por um lado, a escola tradicional, que prioriza a *função instrucional* e *propedêutica* do ensino, ou seja, tem o propósito de fazer os alunos passarem por uma série de etapas educacionais com o objetivo de chegar ao ensino superior. Por outro, uma escola que prioriza a *formação integral* dos alunos, de maneira que a função da educação passa a ser *orientadora*, cuidando para que cada aluno desenvolva ao máximo as suas potencialidades e orientando em uma direção na qual melhor se encaixem.

Os acordos sobre os fins que a educação deve ter, bem como essa segunda visão da função social da escola que está comprometida com a formação integral dos alunos, levaram a União Europeia a fazer uma série de recomendações a seus estados-membros nos últimos anos, para que revisem a legislação educacional vigente em seus sistemas de ensino e incorporem um conjunto de *competências-chave* ou *básicas* que orientem a formação regulamentada de seus respectivos países.

Funcionalidade e utilitarismo: as competências propõem um ensino utilitarista?

A partir de uma visão propedêutica e instrucional do ensino, questiona-se que sua finalidade educacional seja o desenvolvimento de competências para a vida, por considerá-las *utilitaristas*, ao centrar nos problemas ou em situações reais, cotidianas e desvinculadas da essência do saber. A partir de uma função do ensino baseada na formação integral da pessoa, o termo mais apropriado para expressar o caráter das competências é *funcionalidade*.

O termo funcionalidade define que o que é aprendido faz sentido para os alunos e pode ser utilizado para compreender ou responder a alguma questão, ou pode ser usado para resolver qualquer tipo de situação que possa surgir, seja cognitiva, afetiva ou comportamental. De certo modo, é um termo cunhado em oposição a um ensino que, na maior parte, aceitou como boa a simples memorização ou aplicação mecânica do conhecimento. Da mesma forma, foi estabelecido como uma rejeição àqueles conhecimentos que a pessoa tem, mas é incapaz de aplicar além de sua reprodução mais ou menos literal ou em procedimentos estereotipados para passar em um teste ou uma prova. Ao contrário, a aprendizagem por competências é considerada funcional não apenas pelo fato de possuir conhecimento, mas também, e especialmente, por comportar a capacidade de aplicá-lo em novas situações.

Utilitarismo seria o termo depreciativo que traduz a ideia de que só vale aquilo que tem utilidade diária e trivial. É necessário especificar que um ensino para o desenvolvimento de competências para a vida não determina, a princípio, o valor da aprendizagem, mas que o seu valor será uma consequência da seleção das competências que pretende desenvolver. O ensino de competências para a vida será mais ou menos trivial, dependendo do tipo de cidadania que se pretende formar: superficial ou profunda, simples ou complexa e transcendente, comprometida ou passiva, criativa ou reprodutora... A seleção de competências a serem desenvolvidas é que permitirá avaliar se a aprendizagem é "utilitarista" ou não.

Quando falamos de *funcionalidade*, entende-se que o que conhecemos ou sabemos fazer nos permite desfrutar, interpretar, intervir, agir, etc. É o oposto de saber por saber, saber sem saber por quê, dominar uma série de conhecimentos de maneira mais ou menos fácil sem ter a capacidade de convertê-los em instrumentos de criação e transformação. Assim, por exemplo, graças à "funcionalidade" da filosofia, é possível levantar as principais questões da vida e estabelecer diferentes interpretações sobre as respostas. Do mesmo modo, desfrutar de uma obra artística, seja musical, pictórica ou literária, é o resultado da "funcionalidade" do conhecimento musical, pictórico ou literário. Já o conhecimento que é vazio e que só é útil para ser reproduzido, com maior ou menor grau de literalidade, em testes que geralmente são descontextualizados, não constitui uma competência.

De certa forma, a funcionalidade representa a verdadeira essência dos saberes. É uma traição às disciplinas transformá-las em objetos de estudo por si mesmas. A função dos saberes não é se recriar em si mesmos, mas ser o meio criado pela humanidade ao longo dos séculos para melhor compreender a realidade. O objeto de estudo da linguística não é apenas a língua, mas a expressão da língua; o da física não é a física, mas a interpretação dos fenômenos físicos; o da filosofia são as questões básicas de qualquer ser humano, e assim por diante. O ensino das competências representa um retorno ao verdadeiro sentido do conhecimento, uma vez que retoma, a partir de sua funcionalidade, o objeto de estudo dos saberes historicamente acumulados.

Pozo (2010) apresenta a ideia de funcionalidade das aprendizagens na seguinte passagem:

> Saber ler e compreender um texto científico, interpretar ou desenhar um gráfico, distinguir duas interpretações diferentes de um fenômeno histórico, criticar soluções diferentes para um problema de saúde ou ambiental, apreciar o significado artístico de uma pintura ou produzir textos descritivos ou explicativos coerentes são competências gerais que, embora tenham um conteúdo específico (o texto científico sobre a conservação da energia, o gráfico do crescimento demográfico, as diferentes explicações do descobrimento da América, etc.), exigem dos alunos mais do que apenas o domínio desses conteúdos.

As competências e o processo de atuação competente

A fim de compreender as implicações de um ensino para o desenvolvimento de competências, devemos primeiro determinar o que entendemos por competências e o que uma atuação competente representa.

> A competência consistirá na intervenção eficaz em diferentes áreas da vida, por meio de ações nas quais componentes atitudinais, procedimentais e conceituais são mobilizados, ao mesmo tempo e de forma inter-relacionada (ZABALA; ARNAU, 2007).

A partir dessa definição, depreende-se que uma atuação competente (intervenção eficaz) é constituída por várias etapas que culminam em uma ação concreta na qual, de maneira flexível e estratégica, aplica-se uma competência aprendida em outros contextos (esquema de atuação competente), como mostrado na Figura 1.1.

Toda atuação competente começa com uma *situação-problema* que exige uma intervenção para resolvê-la. Para isso, será necessário *analisar* essa situação em toda a sua complexidade e, uma vez que seu alcance seja compreendido, *selecionar* o esquema de atuação mais adequado entre os disponíveis. O próximo passo será *aplicar* o esquema de atuação selecionado, composto por um *conjunto integrado de conhecimentos, habilidades e atitudes* (Fig. 1.2). Essa aplicação sempre será feita de forma flexível e estratégica, pois cada situação é diferente e tem características próprias.

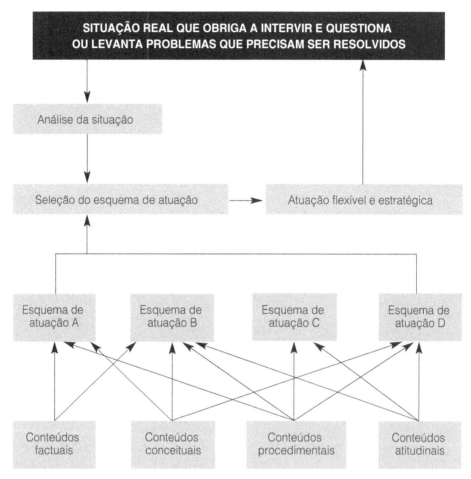

FIGURA 1.1. Esquema do processo de atuação competente.
Fonte: Zabala e Arnau (2007).

Apresentamos agora cada um desses componentes:

- **Conhecimentos.** Nesta categoria, diferenciamos fatos e conceitos:
    - *Fatos.* Os fatos ou conteúdos factuais são conteúdos singulares de aprendizagem, de natureza descritiva e concreta. Consistem em enunciados, fórmulas, nomes, datas, etc. Os fatos seriam, por exemplo, que em 1989 houve a queda do Muro de Berlim, que *Rei Lear* é uma obra de Shakespeare, que Roma é a capital da Itália ou que Na é o símbolo do sódio.

Métodos para ensinar competências **11**

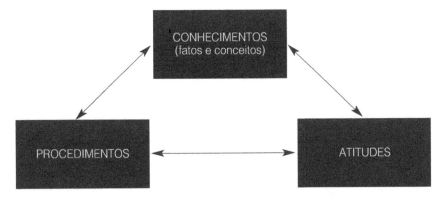

FIGURA 1.2. Componentes da competência.

- *Conceitos.* Conceitos e princípios são conteúdos de aprendizagem de natureza abstrata que precisam ser compreendidos. Por exemplo, o conceito de Romantismo, o conceito de sinapse ou o princípio de Pascal.
- **Procedimentos.** Os conteúdos procedimentais consistem em um conjunto de ações ordenadas e finalizadas, isto é, direcionadas para a consecução de um objetivo. Por exemplo, a redação de uma carta, a construção de um mural ou o cálculo de uma soma.
- **Atitudes.** Os conteúdos atitudinais incluem valores, atitudes e normas. Eles são princípios, condutas e padrões de comportamento. Esses conteúdos são formados por componentes cognitivos, afetivos e comportamentais. Exemplos de atitudes são a solidariedade, a persistência ou o respeito por outras culturas.

Se nos aprofundarmos na compreensão do conceito de competência, depois de conhecer os seus componentes, podemos identificar algumas de suas principais características:

- As competências envolvem *agir de maneira eficiente diante de uma situação-problema* concreta e em um contexto específico. Os componentes da competência devem ser mobilizados e aplicados em uma determinada situação. Até que essa aplicação seja produzida, não podemos falar de competência.
- *Não são as pessoas, mas as ações que são competentes.* Quando falamos de competências educacionais, falamos sobre as ações, não sobre as pessoas. A razão é que a competência sempre implica uma

ação que é única, já que uma pessoa pode realizar a mesma ação com mais ou menos eficiência, dependendo do contexto em que deve intervir.

- As competências estão situadas em um *continuum* entre tudo e nada. Em outras palavras, *existem graus de competência*, pois as intervenções na realidade serão mais ou menos bem-sucedidas e efetivas, dependendo do grau de aprendizagem de seus componentes e do domínio dos procedimentos correspondentes à ação competente (analisar, selecionar e aplicar).

A aprendizagem de competências

Para poder estabelecer os métodos de ensino mais apropriados ao desenvolvimento de competências, é preciso primeiro recorrer ao conhecimento existente sobre como as pessoas aprendem. Como vimos, as competências, e em particular o processo de atuação competente, são moldados por um conjunto de componentes integrados de forma diferente nas estruturas cognitivas de acordo com suas características diferenciais. Apesar disso, há um denominador comum que está relacionado a aspectos genéricos de como as pessoas aprendem e, sobretudo, ao grau de significância das aprendizagens, já que é impossível agir de maneira competente se a competência em si e seus componentes não foram aprendidos significativamente.

O conceito de *aprendizagem significativa* é desenvolvido como um contraponto à aprendizagem mecânica, entendendo essa última como uma aprendizagem superficial incapaz de ser relacionada com outras aprendizagens. Os dois conceitos formam um *continuum* no qual teremos, em um extremo, uma aprendizagem significativa e profunda e, no outro, uma aprendizagem mecânica ou superficial, baseada na memorização literal simples de enunciados, de modo que uma aprendizagem nunca é totalmente significativa ou totalmente mecânica. Se analisarmos as características de uma atuação competente, veremos que é essencial que seus componentes sejam aprendidos da forma mais significativa possível. Quanto mais significativa for uma aprendizagem, mais poderosa ela será para ser aplicada em um maior número de situações, aumentando assim sua funcionalidade.

Condições que propiciam a aprendizagem significativa

O conhecimento científico oriundo das ciências que têm a aprendizagem como objeto de estudo, bem como os conhecimentos mais recentes no campo da neurociência, permitem estabelecer uma série de critérios para que a aprendizagem seja o mais significativa e funcional possível.

A aprendizagem será tão ou mais significativa quando for possível estabelecer *relações substanciais e não arbitrárias* entre os novos conteúdos e o conhecimento que o aluno já possui. Uma transformação então ocorre, tanto no conteúdo que é assimilado quanto naquele que o aluno já possuía.

Para que essa vinculação ocorra, é necessário que diversas condições sejam atendidas:

- Apresentar os novos conteúdos de aprendizagem a partir de seu *significado e funcionalidade*. Em outras palavras, que façam sentido para os alunos e que eles saibam a utilidade desses conteúdos.
- Favorecer uma *disposição positiva em relação à aprendizagem*, o que está diretamente relacionado à *motivação* com a qual o aluno empreende o esforço cognitivo. Nesse ponto, o reforço positivo tem especial relevância para gerar essa atitude favorável em relação à aprendizagem. Entre os fatores que afetam a motivação, destacam-se: o significado que tem para o aluno conseguir aprender o que é proposto (significado que depende do tipo de metas ou objetivos aos quais dá mais importância); as possibilidades que acredita ter para superar as dificuldades envolvidas na aquisição da aprendizagem proposta pelo professor (consideração que depende, em grande medida, da experiência de saber ou não lidar com as dificuldades específicas encontradas); e o custo, em termos de tempo e esforço, que acha que terá para alcançar a aprendizagem desejada (mesmo que se considere capaz de superar as dificuldades e alcançar a aprendizagem). Assim, o processo que leva o aluno à maior ou menor atribuição de significado pessoal a uma aprendizagem parece ser determinado pelo interesse que tem pelo conteúdo e pela tarefa de aprendizagem, pela percepção pessoal de sua competência, pela possibilidade de representar, de alguma forma, o conteúdo e a tarefa de aprendizagem que deve realizar, bem como pela razão pela qual supõe que deve fazê-lo.
- Garantir o desenvolvimento de uma *correta autoestima, um autoconceito* e *expectativas* do aluno diante de seu processo de aprendiza-

gem. As experiências educacionais e os seus resultados condicionarão a atitude com a qual o aluno enfrenta o processo educacional. O autoconceito acadêmico refere-se à representação que o aluno tem de si mesmo como aprendiz, como pessoa dotada de determinadas características ou habilidades para enfrentar a aprendizagem em um contexto de ensino. A autoestima, por sua vez, refere-se à avaliação afetiva que temos do nosso autoconceito em diferentes componentes, ou seja, como a pessoa se avalia e se sente em relação às características que atribui a si mesma.

- Partir dos *esquemas de conhecimento* e do *conhecimento prévio* dos alunos. O conhecimento prévio é uma condição indispensável para a aprendizagem de competências, uma vez que as novas competências devem estar ligadas aos esquemas de conhecimento que os alunos já possuem.

- *Conhecer o nível de desenvolvimento dos alunos.* Só progridem os sujeitos que estão em um nível operativo próximo ao da aquisição da noção que aprenderão (nível chamado *intermediário*, já que está no meio do caminho entre a ausência da noção e sua completa aquisição). Se o conteúdo que o aluno deve aprender é excessivamente distante de suas possibilidades de compreensão, não haverá desequilíbrio de seus esquemas ou ocorrerá um desequilíbrio de tal forma que qualquer possibilidade de mudança será bloqueada.

- Promover atividades que estejam localizadas na *zona de desenvolvimento proximal* do aluno, que é a distância entre o nível real de desenvolvimento, determinado pela capacidade de resolver um problema independentemente, e o nível de desenvolvimento potencial, determinado pela resolução de um problema com a orientação de um adulto ou a colaboração de outro colega mais capaz.

- Facilitar a *atividade mental* do aluno necessária para criar o conflito cognitivo que torna possível a aprendizagem. Sabemos que os sujeitos que não mostram nenhum conflito progridem menos do que aqueles que estão cientes das contradições entre os dois esquemas (novos e antigos) e buscam soluções para superá-los. Essa atividade mental acontece, na maioria dos casos, nas atividades diretas de observação, manipulação, comparação, análise, experimentação, etc.

- Guiar a *reflexão sobre o próprio processo de aprendizagem.* Ou seja, realizar processos de metacognição, após os processos formativos. Sabemos que se aprende mais profundamente quando se consegue refletir sobre o que se aprendeu e como se aprendeu. Sabemos que a memória é o que fica após a reflexão. "Os seres humanos são curiosos por natureza, mas não estão bem dotados para a reflexão: se as condições cognitivas adequadas não são dadas, evitamos refletir" (WILLINGHAM, 2011).

Como são aprendidos fatos, conceitos, procedimentos e atitudes

Além das condições gerais que foram expostas, para tornar a aprendizagem mais significativa é necessário levar em conta o conhecimento sobre como ocorre a aprendizagem dos diferentes componentes das competências e de uma atuação competente, de acordo com a tipologia factual, conceitual, procedimental ou atitudinal de seus componentes:

- **Aprendizagem de fatos.** Acontece por meio de atividades de *memorização* e *repetição verbal*. Para aprender conteúdos factuais, é essencial que o conceito associado tenha sido compreendido e que atividades de reforço sejam realizadas posteriormente. Sabemos que a memória factual é diferente da memória episódica (aquilo que presenciamos diretamente). É possível memorizar fatos por meio da repetição verbal, mas essa memorização não significa que atribuímos significado a eles. Dependendo da quantidade e da complexidade das informações, também podemos usar organizações significativas e associações entre os novos conteúdos e o conhecimento prévio, porque é mais fácil lembrarmos de partes díspares de informações se elas estiverem interagindo umas com as outras.
- **Aprendizagem de conceitos.** Requer atividades complexas que promovam um verdadeiro processo de elaboração e desenvolvimento pessoal do conceito. O objetivo desse tipo de atividade não é levar os alunos a memorizar, mas a compreender de maneira significativa. Os conceitos serão aprendidos a partir da superação de um conflito cognitivo, no qual se realiza uma dialética recíproca entre a aprendizagem implícita (o conhecimento prévio dos alunos) e a explícita (o novo conhecimento a ser aprendido). Uma vez que o conceito é desenvolvido em um contexto específico, será necessário realizar atividades de aplicação em outros contextos, para que a generalização conceitual e a consequente capacidade de transferência sejam possíveis. Por fim, devemos ter em mente que a aprendizagem de conceitos é ilimitada, já que sempre é possível continuar avançando em seu aprofundamento,

ao contrário do que acontece na aprendizagem factual, que é do tipo tudo ou nada.

- **Aprendizagem de procedimentos.** Exige um processo que envolva *observação*, *prática orientada* e *reflexão na prática*. Para aprender procedimentos, devemos partir da *observação de um modelo* que apresente as diferentes fases do procedimento. Posteriormente, os alunos devem realizar um *trabalho sistemático de exercícios supervisionados*, em diferentes situações e contextos. É importante que as atividades sigam uma ordem de dificuldade gradual e que tenham momentos de prática guiada por parte do professor ou de outros colegas. O processo deve ser acompanhado por uma *reflexão* correspondente sobre o desenvolvimento das diferentes ações, terminando a sequência com atividades de trabalho independente, para favorecer a autonomia dos alunos em sua realização. Finalmente, a exercitação deve ser complementada com a aplicação em diversos contextos, a fim de desenvolver a capacidade de *transferência* para diferentes situações.
- **Aprendizagem de atitudes.** O processo de aprendizagem desse tipo de conteúdo envolve elaborações complexas de *caráter pessoal com grande vínculo afetivo*. Atitudes são aprendidas por meio de processos que podem ser complementares ou antagônicos; dependendo da coerência entre eles, as possibilidades de aprendizagem serão maiores. Na *modelagem*, o aluno assume atitudes como reflexo ou imitação de alguém que merece admiração. Por sua vez, as *atividades vivenciais* levam a agir regularmente com certas atitudes e por meio de um processo reflexivo e de envolvimento pessoal, a partir da análise, do posicionamento, do estabelecimento de normas comportamentais e do compromisso pessoal em sua realização. Esse último leva à *autonomia moral*, isto é, à própria convicção, assumindo essa atitude por vontade própria e não para se encaixar em um grupo social ou imitar os outros.

Agora que já conhecemos o significado do ensino de competências para a vida, o processo de uma atuação competente e a forma como são aprendidas, podemos analisar as condições que o seu ensino deve contemplar.

2

CARACTERÍSTICAS E CONDIÇÕES PARA UM ENSINO DE COMPETÊNCIAS

Condições para o ensino de competências

O resultado de uma escola que pretende desenvolver competências para a vida é um ensino que promove a capacidade de transferir alguma aprendizagem, geralmente apresentada de forma descontextualizada, em situações próximas à realidade. Isso implica uma redefinição do objeto de estudo da escola, de modo que o que será ensinado não seja um conjunto de conteúdos organizados segundo a lógica de algumas disciplinas acadêmicas, mas um conjunto de conteúdos cuja seleção, apresentação e organização sejam realizadas de acordo com o potencial para responder a situações ou necessidades "reais".

A *análise do processo de uma atuação competente* e *o conhecimento* que temos sobre o modo como os diferentes componentes mobilizados no processo são aprendidos permitem determinar as características essenciais do ensino de competências (ZABALA; ARNAU, 2007):

- Seu significado.
- A complexidade da situação em que devem ser usadas.
- Seu caráter procedimental.
- O fato de serem constituídas por uma combinação integrada de componentes que são aprendidos a partir de sua funcionalidade e de uma maneira diferente.

Critérios relacionados ao significado

A compreensão do profundo grau de significado que a aprendizagem de competências deve ter nos leva às características que a sequência de atividades deve reunir:

- Possibilitar a determinação do *conhecimento prévio* que cada aluno possui em relação aos novos conteúdos de aprendizagem.
- Apresentar os conteúdos de forma que sejam *significativos e funcionais* para os alunos.
- Incluir atividades adequadas ao nível de desenvolvimento de cada aluno.
- Representar um desafio alcançável para o aluno, ou seja, as atividades devem levar em conta suas competências atuais e fazê-lo avançar com a ajuda necessária. Por isso, devem permitir criar *zonas de desenvolvimento proximal* e intervir nelas.
- Provocar um conflito *cognitivo* e promover a *atividade mental* dos alunos necessária para que estabeleçam relações entre os novos conteúdos e as competências prévias.
- Fomentar uma *atitude favorável*, ou seja, ser motivadora em relação à aprendizagem de novos conteúdos.
- Estimular a *autoestima* e o *autoconceito* em relação à aprendizagem proposta, isto é, que o aluno possa sentir que, até certo ponto, aprendeu e que seu esforço valeu a pena.
- Ajudar o aluno a adquirir habilidades relacionadas ao *aprender a aprender*, que lhe permitam ser cada vez mais autônomo em sua aprendizagem.
- Permitir reflexão e conscientização (*metacognição*) sobre seu próprio processo de aprendizagem.

Critérios relacionados à complexidade

As competências, por mais específicas que sejam, são sempre desenvolvidas em um processo constituído por diferentes fases nas quais, de modo algum, a resposta é simples e para as quais é necessária uma ação estratégica, com atividades que atendam aos seguintes critérios:

Métodos para ensinar competências **19**

- Partir de uma *situação da perspectiva de sua globalidade*, ou seja, apresentando-se tantas variáveis quanto possível conforme as habilidades dos alunos, para que as unidades de ensino estruturem os conteúdos de aprendizagem de acordo com uma realidade mais ou menos próxima dos alunos e contemplando todos os fatores que nela intervêm.
- Favorecer o *pensamento pela complexidade*. Uma atuação competente envolve não apenas conhecer os instrumentos conceituais e as técnicas disciplinares, mas, sobretudo, ser capaz de reconhecer quais deles são necessários para ser eficiente em situações complexas e saber aplicá-los em função das características específicas da situação. Essa atuação exige um pensamento complexo e, consequentemente, um ensino voltado para a formação pela complexidade (ZABALA, 1999).

Critérios relacionados ao seu caráter procedimental

Como vimos, qualquer ação competente implica um "saber fazer" para o qual é necessário o domínio de sucessivas habilidades. Podemos dizer que é um procedimento de procedimentos (*interpretação/compreensão, identificação dos problemas, reconhecimento das informações, revisão dos diferentes esquemas de atuação, análise das informações, avaliação das variáveis reais e aplicação do esquema de atuação*).

Esse caráter de procedimento de procedimentos nos obriga a estabelecer uma sequência de ensino-aprendizagem que atenda às seguintes diretrizes:

- As atividades devem partir de situações significativas e funcionais, para que o procedimento possa ser aprendido com a capacidade de usá-lo quando necessário.
- A sequência deve contemplar atividades que apresentem os modelos de desenvolvimento do conteúdo de aprendizagem.
- As atividades devem ser ajustadas ao máximo a uma sequência clara e em uma ordem que siga um processo gradual.
- As atividades devem oferecer auxílio de diferentes níveis e prática orientada.
- A sequência deve incluir atividades de trabalho independente.

Critérios relacionados ao fato de serem constituídas por uma combinação integrada de componentes

O processo de uma atuação competente, como vimos, implica o domínio de alguns componentes (conteúdos de diferentes tipologias) com caráter prévio à aplicação estratégica do esquema de atuação selecionado. Para essa aplicação, é necessário ter aprendido de forma parcial e integrada os componentes do esquema de atuação. Como a aprendizagem de cada um desses componentes tem características claramente diferenciadas, é necessário que, sem perder seu sentido integrado, sejam realizadas atividades de ensino adequadas a essas características. Visto que o processo de ensino dos componentes procedimentais já foi analisado, revisemos agora os demais componentes:

- Para os *conteúdos factuais*, a chave será usar exercícios de repetição e, dependendo da quantidade e da complexidade das informações a serem aprendidas, usar organizações significativas e associações, tanto entre novos conhecimentos quanto entre os conhecimentos prévios e os novos.
- Para os *conceitos e princípios*, as condições estabelecidas na seção "Critérios relacionados ao significado" serão necessárias para assegurar que os alunos compreendam o significado.
- Para ensinar *atitudes*, os professores devem se tornar um *modelo* coerente para os alunos; é preciso que os alunos *vivam* as atitudes tanto na organização da sala de aula quanto na forma de se agrupar, nas relações interpessoais, nas regras e normas de comportamento, etc. Tudo isso acompanhado de *reflexão* e *compromisso* com o cumprimento das normas estabelecidas, por meio de um processo de análise de situações em que é possível agir de diferentes maneiras.

Sequência de atividades de ensino-aprendizagem para o desenvolvimento de competências

No capítulo anterior, analisamos como as competências são aprendidas e, agora, acabamos de ver os critérios que as sequências de ensino-aprendizagem devem ter a partir de uma abordagem de competências. Isso nos permite estabelecer as características das diferentes fases que qualquer um dos métodos de ensino cujo objetivo seja formar em competências para a vida deve contemplar:

Métodos para ensinar competências **21**

1. **Estabelecimento dos objetivos.** Essa ação deve permitir *dar sentido ao trabalho que deve ser realizado*, estabelecendo junto aos alunos os objetivos educacionais a serem alcançados, as atividades que serão realizadas para alcançá-los e os critérios e meios que serão *utilizados* para avaliar os resultados alcançados e o processo seguido. A função dessas atividades é levar os alunos a entenderem claramente o que se espera deles e os meios que serão utilizados para avaliar o trabalho realizado. É esse momento, quando se inicia todo o *processo metacognitivo*, que tornará a aprendizagem mais sólida e profunda e que facilitará aos alunos o conhecimento sobre as estratégias pessoais de aprendizagem mais apropriadas às suas capacidades e ao seu estilo de aprendizagem. Trata-se de torná-los conscientes de suas particularidades, de como *aprendem a aprender*.

2. **Apresentação motivadora da situação em sua complexidade.** Essa fase deve incluir atividades que permitam apresentar a situação objeto de estudo ou de trabalho da forma mais estimulante possível, propiciando o desenvolvimento de uma *atitude favorável em relação aos conteúdos de aprendizagem*. Ao mesmo tempo, essa situação deve contemplar a *complexidade* das situações reais, para que os alunos possam entender que as aprendizagens a serem adquiridas são instrumentos para uma intervenção que sempre será complexa.

3. **Revisão dos conhecimentos prévios.** Nessa fase inicial, é apropriado reconhecer o *grau de desenvolvimento das competências e dos conteúdos* que serão trabalhados durante a aula. Esse conhecimento permitirá reconhecer as competências-alvo a serem atingidas e o alcance dos componentes das competências. De qualquer forma, nessa fase não será possível obter todas as informações, de modo que será necessário coletar dados sobre o *conhecimento prévio* ao longo de toda a unidade, dependendo dos diferentes conteúdos de aprendizagem que serão trabalhados.

4. **Identificação e explicitação dos diferentes problemas ou questões levantadas em função da situação.** Trata-se de atividades que permitem aos alunos fazer perguntas ou levantar questões importantes que devem permitir responder à situação em estudo ou elaborar o produto decidido. Nesse momento, é essencial que cada aluno formule as questões para favorecer o *conflito cognitivo* que possibilitará a revisão de suas ideias e que o colocará em posição de elaborar os componentes conceituais da busca por informações. Essa é uma das atividades básicas para o desenvolvimento de estratégias cognitivas.

Devemos ter em mente que a capacidade de analisar a realidade está diretamente relacionada à habilidade de fazer as perguntas pertinentes ou de identificar com exatidão os problemas que precisam ser resolvidos.

5. **Delimitação do objeto de estudo (e concretização do produto final, quando apropriado).** Nem todas as perguntas ou questões levantadas podem ser alcançadas com os meios e o tempo disponíveis na escola. Além disso, nem todas as perguntas são totalmente relevantes para o que se pretende que seja conhecido ou produzido. É necessário um trabalho que permita determinar com precisão as *limitações do trabalho a ser realizado*. É conveniente que nessa fase os alunos percebam o grau de relevância das questões levantadas.

6. **Elaboração de hipóteses ou suposições.** O desencadeador do conflito cognitivo, favorecido pela explicitação dos problemas ou das questões, coloca os alunos em uma posição na qual ficam abertos à aquisição de conhecimento. Porém, se se deseja promover uma construção pessoal, é essencial que os alunos, antes de procurar soluções, pensem sobre quais são as alternativas possíveis. De certo modo, eles elaboram suas *hipóteses para as perguntas e questões levantadas*. Nesse tipo de atividade, além de poder identificar o conhecimento e as ideias que os alunos já têm e as suas capacidades cognitivas, também podemos obter informações sobre o grau de dificuldade para a sua compreensão e, portanto, ter uma orientação sobre a zona de desenvolvimento proximal de cada um dos alunos.

7. **Definição das estratégias de pesquisa, comparação ou aplicação para comprovar as hipóteses anteriores.** A verbalização de hipóteses sobre os problemas levantados não é apenas o meio para ativar o pensamento dos alunos, mas sim o meio necessário para identificar quais são as fontes de informação mais apropriadas para responder às perguntas e questões levantadas. São atividades nas quais os alunos devem revisar as fontes de informação diretas (observação, trabalho de campo, entrevistas, enquetes, questionário, experimentação, etc.) ou indiretas (livros, revistas, internet, etc.), a fim de selecionar a mais apropriada para confirmar ou refutar suas hipóteses.

8. **Realização da pesquisa, da comparação ou da aplicação.** Uma vez estabelecidas as questões, as hipóteses correspondentes e a estratégia mais adequada para compará-las, devem ser realizadas atividades que permitam coletar as informações necessárias para validar ou não as hipóteses propostas. Nesse ponto, encontramos a parte mais ex-

Métodos para ensinar competências **23**

tensa das sequências de ensino-aprendizagem. As características das atividades dessa fase são aquelas que levam à aquisição de conhecimentos e, ao mesmo tempo, à formação em todos aqueles procedimentos, técnicas e estratégias fundamentais para aprender a aprender (estratégias de pesquisa, de extração de ideias relevantes, de experimentação, de interpretação, de inferência, de extração de dados, etc.). Nesse ponto da sequência, as atividades estarão relacionadas à *aquisição* de conhecimento factual, à *compreensão* do conhecimento conceitual e, principalmente, à aprendizagem dos diferentes procedimentos envolvidos, das estratégias de pesquisa e experimentação e das vivências que ajudarão a moldar as atitudes em áreas de competência muito diferentes.

9. **Seleção de dados relevantes em relação à situação-problema inicial e comprovação das hipóteses iniciais.** As atividades permitiram a extração de diferentes dados, nem sempre os mais relevantes para os objetivos de pesquisa pretendidos ou para as hipóteses propostas. Nesse ponto, será necessário selecionar e priorizar os dados relevantes e elaborar os argumentos que permitam validar ou rejeitar as hipóteses e ideias tidas anteriormente. Trata-se de um processo fundamental para responder à situação-problema inicial.

10. **Comunicação do processo seguido e das informações obtidas.** Para aprofundar a compreensão do conhecimento adquirido, é necessário fazer atividades nas quais os alunos tenham de comunicar os resultados do trabalho realizado e as conclusões obtidas.

11. **Integração e visão global ampliada.** O trabalho realizado até o momento permitiu adquirir um conhecimento que, na maioria dos casos, é analítico. Foi o resultado de responder a diferentes questões ou perguntas sobre uma situação complexa e, por isso, as questões levantadas fazem sentido quando são relacionadas e integradas ao objeto de estudo. Este, então, é o momento de realizar as atividades de integração, estabelecimento de relações e interpretação global da situação proposta.

12. **Descontextualização e teorização sobre as aprendizagens realizadas.** Até então, o objetivo de todo o processo foi resolver as questões da situação objeto de estudo. Agora precisamos nos concentrar na aprendizagem adquirida ou que pode ser adquirida a partir do trabalho realizado. Tudo o que se aprendeu foi baseado em uma situação concreta que, do ponto de vista educacional, tem sido o meio e não o fim para a aquisição de conhecimentos e habilidades que podem ser

aplicados em situações semelhantes. Ou seja, trata-se de transformar o concreto em um *conhecimento generalizável*, abstrato, que permita a transferência em qualquer ocasião em que situações semelhantes ocorram. Com esse objetivo, serão realizadas as atividades de aplicação da aprendizagem adquirida em outras situações que permitam capacitar o aluno a transferir os conhecimentos adquiridos para todas as ocasiões em que se fizer necessário. Esse processo pode ser identificado como um *processo de teorização* propício à expressão do conhecimento adquirido com o rigor do saber disciplinar.

13. **Metacognição sobre o processo e o resultado: autoavaliação.** A primeira atividade da sequência de ensino-aprendizagem consistiu em compartilhar os objetivos educacionais que se pretendia alcançar na unidade de ensino. Nesse ponto, os alunos devem realizar as atividades que os levam a *refletir sobre os objetivos* que pretendiam alcançar, *o conhecimento que tinham* antes do trabalho realizado, *o que aprenderam* e *o processo seguido para alcançá-los*. Isso permitirá aprofundar a aprendizagem realizada e ficar ciente das estratégias pessoais de aprendizagem usadas e, portanto, das habilidades adquiridas, desenvolvendo assim as competências de aprender a aprender.

14. **Estratégias de memorização e exercitação.** O trabalho realizado permitiu que os alunos compreendessem o motivo das aprendizagens realizadas, ou seja, que atribuíssem significado e funcionalidade a todos os conteúdos e competências trabalhados. Eles tiveram uma aprendizagem abrangente que permite aplicar o conhecimento adquirido em novas situações. No entanto, isso não será possível se não houver atividades suficientes para ajudar a lembrar, isto é, atividades de *memorização* (no caso de conteúdos factuais), de aplicação em diferentes situações (no caso de conteúdos conceituais), de *exercitação* (no caso de conteúdos procedimentais) e *vivenciais* (para fortalecer atitudes). Da mesma forma, será necessário *realizar atividades globais e integradoras* de cada um desses componentes em diversas situações de competência.

Como pode ser visto, essa sequência leva em conta as fases de atuação competente que se baseiam em partir de uma situação-problema complexa, analisá-la, selecionar o esquema de atuação (e aprender os componentes que ainda não estão dominados e são necessários para essa situação) e aplicá-lo de forma flexível e estratégica. Ao mesmo tempo, leva em conta os princípios da aprendizagem significativa, dado que:

Métodos para ensinar competências **25**

- o aluno sabe quais são os objetivos educacionais propostos na unidade;
- permite conhecer e partir de seu conhecimento prévio;
- contempla a relação com as novas aprendizagens;
- parte sempre de situações motivadoras, o que gera a predisposição necessária para a aprendizagem;
- a aprendizagem é contextualizada a partir de situações familiares aos alunos;
- há momentos previstos de reflexão sobre a aprendizagem e o processo realizado.

Abordagem globalizante e métodos globalizados

Na hora de adjetivar as estratégias e os métodos de ensino, é comum utilizar o conceito de *globalização* e outros, referentes às relações entre as diferentes disciplinas envolvidas, para expressar a maneira pela qual os conteúdos da aprendizagem são organizados e apresentados. Achamos conveniente analisar, desse ponto de vista, a sequência de atividades para o ensino das competências que acabamos de descrever.

Pelas condições supracitadas, deduz-se que as unidades de ensino devem formular sequências de ensino-aprendizagem que tenham uma *abordagem globalizante*, entendendo que esta ocorre quando uma unidade didática apresenta os conteúdos de aprendizagem a partir de uma situação global, em que o objeto de estudo é sempre uma situação da realidade.

A partir de uma abordagem globalizante, pode-se abordar o conhecimento da situação global de um tópico, uma disciplina ou área curricular, como é o caso do ensino das frações. Nesse caso, a tradição, de modo quase geral, fez com que a sequência didática partisse de uma situação próxima à realidade que é global: uma torta, uma pizza, um queijo, etc. Contudo, entre as diferentes questões que esse objeto pode representar, questiona-se apenas como distribuir o objeto em partes iguais, e é nesse ponto que a matemática oferece um instrumento conceitual muito poderoso para resolver essa situação. Nesse caso, a abordagem tem sido globalizante, embora o conhecimento do objeto de estudo tenha sido apenas um de seus aspectos. Certamente, o conhecimento da torta, da pizza ou do queijo não se reduz ao problema de como distribuir em partes iguais e identificar uma delas no todo; existem outros problemas ou questões que cada uma dessas comidas nos propõe: como são feitas, qual é sua origem, que ingredientes contêm, como são produzidas e distribuídas, qual o seu custo, etc. No caso em que seja viável abordar na escola o conhecimento de todos os aspectos possíveis, podemos falar em *métodos globalizados.* De maneira resumida, podemos dizer que as sequências para o ensino de competências têm uma abordagem globalizante e, quando várias disciplinas são usadas para responder ao conhecimento da realidade, diremos que é utilizado um método globalizado.

Os métodos que os professores vêm aplicando em suas práticas de sala de aula e que são apropriados para o ensino de competências são aqueles que, em sua gênese, foram concebidos como métodos globalizados (projetos, centros de interesse, complexo de interesse, pesquisa do meio, estudos de caso, etc.). Mesmo assim, eles também são usados a partir de uma abordagem globalizante quando se aplica apenas o conhecimento de uma disciplina: projetos de trabalho de uma língua ou de sociologia, pesquisa ambiental em ciências, resolução de problemas em matemática, etc.

Como veremos no próximo capítulo, os métodos são mais ou menos potentes para o desenvolvimento de competências de acordo com a quantidade de conhecimento e técnicas provenientes de uma ou mais disciplinas. Portanto, a abordagem globalizante, suficiente para o desenvolvimento de competências reduzidas, implicará maior profundidade e capacidade de compreensão e intervenção na realidade quanto maior for a contribuição das diferentes disciplinas, ou seja, quando forem utilizados métodos de ensino nos quais os conteúdos trabalhados não sejam uma consequência das necessidades das disciplinas, mas provenham do conhecimento da realidade.

Uma vez feita a distinção entre a abordagem globalizante e os métodos globalizados, podemos associá-los aos conceitos que explicam as relações entre as diferentes disciplinas.

Toda sequência didática para o ensino de competências começa com uma situação da realidade que apresenta problemas ou questões que devem ser resolvidos. A partir dessas fases, segue-se um processo analítico em que os diferentes saberes fornecem conhecimentos e métodos para compreender a situação objeto de estudo. Com o conhecimento adquirido, retorna-se à situação, agora com uma visão global muito mais elaborada e aprofundada (Quadro 2.1). O psicopedagogo suíço Claparède (1873-1940) descreveu essa ideia definindo três fases: *síncrese, análise* e *síntese*. Na síncrese, a percepção da realidade é global e mais ou menos superficial ou turva. Na fase de análise, a ação consiste em reconhecer os diferentes componentes da realidade e suas relações. Na síntese, por fim, o olhar é voltado novamente para essa realidade, mas integrando o conhecimento adquirido, mostrando assim uma realidade mais definida e mais profunda.

A partir do âmbito científico ou epistemológico, diferentes termos são utilizados para descrever as possíveis relações existentes entre diferentes saberes ou

Métodos para ensinar competências **27**

QUADRO 2.1. Fases para o ensino de competências

Fases para o ensino de competências	Fases de Claparède	Relações entre as disciplinas
1. Estabelecimento dos objetivos. 2. Apresentação motivadora da situação em sua complexidade. 3. Revisão dos conhecimentos prévios. 4. Identificação e explicitação dos diferentes problemas ou questões levantadas em função da situação. 5. Delimitação do objeto de estudo (e concretização do produto final, quando apropriado).	Síncrese.	Metadisciplinaridade.
6. Elaboração de hipóteses ou suposições. 7. Definição das estratégias de pesquisa, comparação ou aplicação para comprovar as hipóteses anteriores. 8. Realização da pesquisa, da comparação ou da aplicação. 9. Seleção de dados relevantes em relação à situação-problema inicial e comprovação das hipóteses iniciais. 10. Comunicação do processo seguido e das informações obtidas.	Análise.	Disciplinaridade e interdisciplinaridade.
11. Integração e visão global ampliada. 12. Descontextualização e teorização sobre as aprendizagens realizadas. 13. Metacognição sobre o processo e o resultado: autoavaliação. 14. Estratégias de memorização e exercitação.	Síntese.	Metadisciplinaridade.

disciplinas: interdisciplinaridade, transdisciplinaridade, metadisciplinaridade, multidisciplinaridade, crosdisciplinaridade, etc. Cada um desses termos tenta expressar diferentes graus ou formas de relacionar as disciplinas.

Tentando aplicar esses conceitos à sequência que descrevemos para o ensino de competências e relacionando-os também às três fases de Claparède, podemos dizer que na fase de síncrese o objeto de estudo é global e, portanto, a aproximação com a realidade não é feita a partir de uma disciplina, mas é uma perspectiva *metadisciplinar* (a partir de um dos significados do prefixo *meta*: além das disciplinas). Na fase de análise, as diferentes disciplinas fornecem modelos teóricos, técnicas e metodologia para poder conhecer ou resolver as questões levantadas. A perspectiva é *disciplinar* quando esses conceitos ou métodos são aprendidos de forma independente e *interdisciplinar* quando são inter-relacionados entre eles. Por fim, na fase de síntese, voltamos à situação inicial, integrando o conhecimento adquirido, o que novamente é feito a partir de uma perspectiva *metadisciplinar*.

Da compreensão à sistematização do trabalho de memorização e exercitação: métodos globalizados e oficinas

Se analisarmos o processo de aprendizagem que o aluno deve realizar ao longo de uma sequência para o desenvolvimento de competências, constataremos que ele foi capaz de adquirir um conhecimento determinado; que foi capaz de aplicar uma série de competências e conteúdos previamente aprendidos que serviram para continuar no processo; que ele *compreendeu novos conceitos* e aplicou outros que já conhecia; que viu a necessidade de *usar novos procedimentos compreendendo sua funcionalidade*; e que agiu de acordo com as *normas de convivência* relacionadas a certas atitudes. Ou seja, veremos que ele aplicou algumas competências e seus correspondentes componentes factuais, conceituais e procedimentais que já havia aprendido em outras situações e que, portanto, os reforçou e se aprofundou neles. Logicamente, no entanto, ele também teve de iniciar o processo de aprender novas competências. As atividades realizadas em relação a essas novas competências permitiram-lhe compreender o seu significado, tanto da própria competência como dos seus componentes.

Todos os *métodos globalizados garantem a compreensão e a funcionalidade* dos conteúdos de aprendizagem que são trabalhados. Entretanto, não é possível garantir que essas novas competências possam ser usadas em outras situações se duas condições não forem atendidas:

1. As mesmas competências que foram aprendidas em um contexto específico, a partir de uma situação concreta que foi objeto de estudo, devem *ser aplicadas em diferentes contextos*, quantas vezes forem necessárias e levando em consideração a diversidade dos alunos.
2. Para dominar seus componentes factuais, conceituais e procedimentais, *devem ser realizadas atividades suficientes e necessárias de memorização* (para os componentes factuais), de *aplicação e ajuda à lembrança* (para os componentes conceituais), de *modelagem e exercitação* (para os componentes procedimentais) e de *reflexão e implicação* (para os componentes atitudinais).

Como pode ser visto na Figura 2.1, por um lado, deve ser identificado e situado no tempo o trabalho com o método globalizado e, por outro lado, o mesmo deve ser feito em relação ao trabalho específico de aplicação das competências em outras situações e de sistematização na aprendizagem de seus componentes factuais, conceituais, procedimentais e atitudinais.

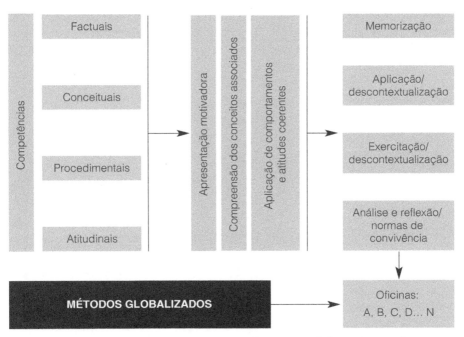

FIGURA 2.1. Distribuição de métodos globalizados e oficinas de acordo com as atividades de aprendizagem.

Tipologia das oficinas

Identificamos dois momentos necessários, um de trabalho globalizado e outro de trabalho sistemático de aprofundamento e teorização, memorização, aplicação e exercitação. Em relação ao trabalho sistemático, podemos usar o termo *oficinas*, seguindo modelos existentes, ou *espaços* e *ambientes* (nos primeiros níveis de ensino). Trata-se de *oficinas* específicas para garantir que esses componentes sejam dominados e possam ser usados posteriormente para resolver a situação-problema inicial ou para aplicá-los em novas situações-problema de natureza similar.

Como as *oficinas* são dedicadas a aspectos específicos, existe o risco de que os alunos acabem dissociando o que faz parte de um todo, e isso os torne incapazes de desenvolver a competência. Portanto, é essencial que todas as atividades, por mais específicas que sejam, estejam sempre situadas em contextos de compreensão ou intervenção em situações globais. As diferentes oficinas devem servir para:

1. A *aplicação da competência* em outras situações similares.
2. A *ampliação e o aprofundamento teórico* daqueles componentes que na situação global têm sido aplicados de forma significativa e funcional, mas para os quais é necessária sua conceitualização de acordo com critérios disciplinares.
3. A *descontextualização dos componentes conceituais*, mediante aplicação do conceito em diferentes situações, de maneira que permita sua generalização e facilite a capacidade de transferência.
4. A *memorização dos conteúdos factuais*.
5. A *modelagem e a exercitação progressiva* dos componentes procedimentais.
6. A *reflexão,* elaboração de padrões de comportamento e vinculação afetiva das atitudes.

Esse tempo para as oficinas é justificado e está diretamente associado à necessidade de *atender às características singulares de cada aluno*. Nos métodos globalizados, é possível o trabalho em conjunto e, ao mesmo tempo, individual de cada um dos alunos, uma vez que é realizado da perspectiva de modelos colaborativos em que cada um intervém a partir do seu nível de competência e de uma abordagem de aprendizagem entre iguais. De certa forma, a dinâmica dos métodos globalizados não impede que cada aluno progrida de acordo com suas possibilidades. Ao contrário, o trabalho

Métodos para ensinar competências **31**

nas oficinas responde não apenas à necessidade de aprofundamento, teorização e exercitação, mas também à necessidade de atender aos diferentes ritmos e estilos de cada aluno em cada um desses diferentes processos de aprendizagem.

O trabalho específico em oficinas deve estar associado a planos de trabalho personalizados que permitam estabelecer, para cada aluno, uma progressão adequada e estimulante, de acordo com suas características pessoais.

Cada uma das oficinas que acabamos de ver reúne características que as diferenciam:

1. **Oficinas para a aplicação da competência em outras situações similares.** Elas devem oferecer diversas atividades, com diferentes níveis de complexidade da situação-problema. Essa gradação deve permitir estabelecer compromissos de trabalho distintos de acordo com os diferentes níveis de exigência e ajuda.

2. **Oficinas para a ampliação e o aprofundamento teórico.** A sequência de atividades permitiu a compreensão das competências e seus diferentes componentes. Partindo de uma situação global, o aluno situou as aprendizagens do ponto de vista de sua funcionalidade, mas a maioria delas foi construída a partir da estrutura de uma disciplina e correspondendo a um corpo teórico que a fundamenta. O trabalho dessa oficina deve consistir em oferecer as atividades de ensino-aprendizagem que favoreçam a reflexão sobre os fundamentos teóricos que sustentam as aprendizagens realizadas na situação global. Nem todos os alunos podem ou devem alcançar o mesmo grau de aprofundamento e teorização. As competências para a vida cotidiana não requerem uma profunda reflexão teórica, muito menos sua expressão formal de acordo com modelos teóricos. Todavia, fica claro que aqueles alunos que querem e podem desenvolver certas competências requeridas por diferentes trajetórias acadêmicas ou profissionais precisarão teorizar sobre o que foi aprendido. Os *diferentes níveis de aprofundamento*, formalização e teorização serão os diferentes níveis de exigência na oficina.

3. **Oficinas para a descontextualização dos componentes conceituais.** Consistirão em sucessivas atividades de aplicação do conceito, que na sequência global foi construído em uma situação concreta. Os alunos devem entender que o conceito é tal pela sua capacidade de abstração, de forma que permita transferi-lo a situações semelhan-

tes. As atividades de aplicação em diferentes situações permitirão a generalização do conceito; daí vem a sua capacidade de transferência. O número e, acima de tudo, as características das atividades serão os fatores que devem ser levados em consideração para oferecer ajuda personalizada.

4. **Oficinas para a memorização dos conteúdos factuais.** Devem consistir em atividades nas quais, uma vez comprovada a compreensão dos conceitos associados, sejam promovidas repetições verbais, utilizando-se *estratégias mnemônicas* que auxiliem na recordação. A capacidade de memorização em um grupo-turma é muito diversificada. É preciso possibilitar que cada aluno receba o número de atividades e de tipologias diferentes de acordo com as suas características pessoais.

5. **Oficinas para a modelagem e a exercitação progressiva dos componentes procedimentais.** Devem responder às grandes diferenças que surgem na aprendizagem de um grupo-turma. Após as atividades que permitem conhecer e compreender as características do procedimento, é necessária uma série de *exercícios práticos progressivos* e sequenciados em diferentes graus de dificuldade e nível de ajuda. Essa quantidade notável de exercícios envolve muito tempo. Por sua vez, cada aluno terá um ritmo de aprendizagem diferente, sobremaneira nos conteúdos procedimentais mais cumulativos (escrita, cálculo, interpretação do espaço, etc.). Assim, dificilmente poderemos fornecer a quantidade necessária de atividades de exercitação no mesmo tempo de duração da unidade didática. Em geral, serão oficinas que se prolongarão no tempo e continuarão em paralelo com outras unidades globalizadas.

6. **Oficinas para a reflexão, elaboração de padrões de comportamento e vinculação afetiva das atitudes.** Devem promover a autonomia moral dos alunos. Partindo de situações conflitivas vivenciadas em sala de aula, na própria escola ou fora dela, será realizada uma primeira fase para analisar o conflito e suas consequências, buscando possíveis soluções e promovendo a necessidade de se posicionar. Como resultado dessa reflexão, será possível concluir pela necessidade de estabelecer normas de comportamento pessoal e grupal adequadas à posição adotada. A partir disso, os próximos passos serão o compromisso formal de cumprir as normas e a revisão periódica do grau de aplicação.

Distribuição de tempo dos métodos globalizados e das oficinas

A tradição acadêmica e a necessidade de os professores dominarem suficientemente o conteúdo disciplinar levaram a um sistema no qual diferentes especialistas intervêm no mesmo grupo-turma. Essa situação condiciona enormemente o uso generalizado de métodos globalizados, sobretudo no ensino médio, em que o ensino é fragmentado em compartimentos geralmente estanques. Nos casos em que o professor atende aos alunos durante um maior número de horas de ensino com o mesmo grupo-turma, uma situação mais ou menos ideal pode surgir, como apresentado na Figura 2.2, diferenciando o tempo destinado ao método globalizado do tempo atribuído às oficinas. Uma proposta de divisão do tempo é feita de forma simplificada por motivos de espaço, mas pode ser flexibilizada dependendo da duração ou do tempo requerido para cada tipo de trabalho.

Na Figura 2.2, podemos ver como o desenvolvimento da unidade globalizada está gerando necessidades de trabalho de diferentes naturezas e de diferentes áreas ou disciplinas, que são tratadas sistematicamente nos correspondentes tempos de trabalho específico.

Assim, dedicaremos momentos de trabalho específico, por exemplo, nas oficinas C, D e F como consequência das necessidades surgidas no desenvolvimento da unidade globalizada. Na apresentação da situação-problema, sentido e significado serão dados aos componentes da competência que os alunos terão de dominar, enquanto nas oficinas serão realizadas atividades

HORÁRIO	SEGUNDA-FEIRA	TERÇA-FEIRA	QUARTA-FEIRA	QUINTA-FEIRA	SEXTA-FEIRA
1	Oficina A	Oficina B	Oficina A	Oficina C	Oficina E
2					
3		Tempo para os métodos globalizados			
4					
5	Oficina B	Oficina C	Oficina D	Oficina F	Oficina F

FIGURA 2.2. Proposta de distribuição de tempo no uso de métodos globalizados.

34 Zabala & Arnau

específicas de aprofundamento e teorização, aplicação, exercitação e reflexão que cada tipo de conteúdo requer e de atenção às diferentes capacidades e ritmos de aprendizagem.

No entanto, é mais provável que essas atividades, contextualizadas no método globalizado, exijam mais tempo para que seu uso possa ser dominado. Nesse caso, podemos utilizar certos momentos (p. ex., trabalhos específicos nas oficinas A e B) para exercitar conteúdos em geral procedimentais (cálculo, escrita, interpretação de tempo e espaço, desenho, experimentação, etc.) que não dependem diretamente da unidade globalizada daquela semana, mas vêm de uma necessidade anterior, seja para realizar atividades de memorização ou para ajudar a lembrar de um tópico visto em outras sequências globalizadas.

No entanto, alguns conteúdos de ensino podem apresentar dificuldades para serem tratados com um método globalizado. A primeira coisa que temos de fazer é refletir sobre sua relevância como conteúdo escolar. Se entendermos que sua falta de funcionalidade é motivada por sua tradição didática, podemos resolver essa falta de integração com outros conteúdos em um método globalizado, iniciando um processo paralelo de trabalho desse conteúdo com base em uma situação da realidade na qual devemos conhecê-lo ou utilizá-lo (p. ex., na oficina E). Se isso também não for possível, será hora de questionar seriamente a conveniência de incluir esse conteúdo em nossa programação. Com certeza não será tão relevante ou tão imprescindível.

Com essa distribuição de tempo, podemos minimizar a sensação de cansaço ou tédio causada pelo ato de lidar com o mesmo tópico durante várias sessões seguidas. Partindo de outras situações estimulantes, podemos propor exercícios práticos, espaços e oficinas que, de maneira natural, tratam do mesmo assunto, para que os alunos possam generalizar para outros contextos o que aprenderam.

Embora essa descrição possa ser aplicada tal como é descrita nas primeiras etapas de escolarização, em que o professor atende ao grupo durante a maior parte do tempo, também serve para as equipes docentes que dispõem de condições de se programar conjuntamente. Nesse caso, podemos encarregar o professor do grupo-turma do tempo dedicado ao método globalizado, sendo esse professor o responsável por apresentar a situação global e acompanhar os alunos ao longo do processo. Em compensação, cada uma das disciplinas transforma-se em *oficinas de disciplinas*, com o objetivo de desenvolver, a partir de cada uma das áreas, as competências e os componentes que surgiram no método global. Essas oficinas podem fazer parte, em sua maioria, do método global; porém, em algumas circunstâncias, podem ser autônomas. Nesse caso, a sequência didática terá uma abordagem globalizante, ou seja, a partir de

Métodos para ensinar competências **35**

situações globais, embora em seu desenvolvimento apenas sejam respondidas questões relacionadas ao assunto ou área de estudo.

Quando o trabalho conjunto da equipe de ensino for impossível, cada professor, em sua disciplina, pode distribuir seu tempo em dois momentos: o momento em que usa o método globalizado (projetos, estudos de caso, simulações, etc.) e o momento da oficina específica para o aprofundamento e a exercitação. O objetivo é que o aluno adquira a capacidade de interpretar e intervir em situações reais e complexas e domine os diferentes componentes da competência. Nesse caso, os alunos encontrarão tantas situações "reais" quantas forem as disciplinas do ano escolar, e em cada uma delas verão como abordá-las de acordo com alguns de seus aspectos. Obviamente, essa não é a situação mais desejável, mas permitirá – embora o trabalho de relação e a integração das diferentes perspectivas para a compreensão da realidade não estejam ocorrendo – que os alunos possam aprender com competência, estando em condições de aplicar todos os conhecimentos e as habilidades aprendidas em situações reais.

3

MÉTODOS PARA
ENSINAR COMPETÊNCIAS

Itinerários de desenvolvimento profissional

A integração das competências em sala de aula não exige somente novas formas de distribuição do tempo ou de sequenciamento didático; também é importante o papel desempenhado pelo aluno na construção dos conteúdos de aprendizagem, para poder aprendê-los de maneira significativa e aplicá-los mais tarde na resolução das situações-problema propostas.

Uma característica compartilhada pelos métodos para o ensino de competências é o alto grau de complexidade na organização social da sala de aula. Todos esses métodos contemplam momentos de trabalho em equipes cooperativas (homogêneas ou heterogêneas), em grande grupo e individualmente. Essa complexidade não é gratuita. Ela obedece a três condições que surgem de um ensino que tem o objetivo de preparar para a vida e do conhecimento sobre como a aprendizagem é produzida:

1. As competências nas esferas interpessoal e social são fundamentais e, como consequência, atitudes colaborativas e de trabalho em equipe também o são. Em um ensino direcionado ao desenvolvimento de competências para a vida, o trabalho em equipe e todas as atitudes relacionadas a ele (respeito, tolerância, ajuda, etc.) são conteúdos de aprendizagem.
2. Da mesma forma que se aprende a trabalhar em equipe trabalhando em equipe, também se aprende a colaborar colaborando.

3. Atender à diversidade dos alunos, em um grupo mais ou menos numeroso, seria impossível sem a colaboração deles: a aprendizagem entre iguais. Essa estratégia permite aumentar a compreensão e a retenção da aprendizagem, como ocorre quando um aluno deve explicar ou mostrar aos colegas um assunto ou um conteúdo de aprendizagem (PHILIPS, 1991) (Fig. 3.1).

Assim, além da dificuldade de mudar a abordagem das unidades de ensino, temos outra, relacionada à gestão social da sala de aula. A distribuição tradicional em filas, na qual os alunos se sentam individualmente ou em pares, é ideal em um método tradicional no qual prevalece o papel transmissor dos professores. Essa distribuição permite que o professor monitore o acompanhamento por parte dos alunos daquilo que está expondo, ao mesmo tempo em que promove o controle de interrupções e facilita sua visualização por todos os alunos. Porém, quando o professor, em vez de ser o único transmissor do conhecimento, deve ser um facilitador e orientador da aprendizagem em um contexto de atenção à diversidade, como consequência de um ensino para o desenvolvimento de competências, a forma de agrupar os alunos é mais complexa, assim como as dificuldades na gestão da sala de aula.

FIGURA 3.1. Estudo sobre a retenção da aprendizagem.
Fonte: Philips (1991).

As regras do jogo no modelo do ensino tradicional transmissivo são simples, praticamente reduzidas a duas: quando o professor expõe, o aluno tem de ouvir ou mostrar que está ouvindo; quando alguém quer falar, depois de pedir a palavra, o restante dos alunos tem de ouvir ou mostrar que está ouvindo. Qualquer alteração dessas simples normas está sujeita a sanções. Por outro lado, as regras do jogo nos métodos para o ensino de competências para a vida são extraordinariamente complexas: pode-se falar, mas sobre o assunto discutido, e com o tom e o respeito adequados; pode-se circular pela turma, mas dependendo das necessidades do trabalho que está sendo feito; pode-se realizar uma atividade diferente da do grupo, mas em função de um planejamento de trabalho, etc. A gestão de uma aula na qual as regras devem ser interpretadas de acordo com múltiplas variáveis só é possível com a *participação estruturada dos alunos*, com alto grau de envolvimento afetivo, com divisão explícita de responsabilidades e com comprometimento pessoal e coletivo da manutenção de um alto grau de convivência.

A dificuldade de aplicar os métodos para o ensino de competências não é inerente à complexidade da sequência de atividades que cada uma delas propõe, mas é dada, sobretudo, pelo fato de se aplicar uma determinada gestão da sala de aula em um sistema educacional baseado, principalmente, em modelos transmissivos. Por essa razão, a transição de um modelo conhecido por todos e assentado em práticas centenárias para outro em que é necessário o uso variado e estratégico de diversos métodos globalizados só é possível se for realizada por meio de itinerários pessoais de desenvolvimento profissional que, partindo do domínio das práticas atuais, permita avançar de modo progressivo em um itinerário de crescente complexidade metodológica.

Itinerário do modelo transmissivo-dedutivo para o uso de metodologias globalizantes

Para alcançar o domínio dos métodos didáticos apropriados para o desenvolvimento de competências, propomos várias etapas que possibilitam a transição de um modelo transmissivo-dedutivo para o uso de métodos globalizados:

- **Estágio 1.** Uso do método transmissivo. Podemos passar para o próximo estágio mudando a abordagem dedutiva de nossas exposições para uma *abordagem indutiva*. Isto é, ao longo da história, o conhe-

Métodos para ensinar competências **39**

cimento surgiu porque a humanidade questionou como a natureza funcionava e por que os fenômenos que a rodeavam aconteciam. Se transmitirmos aos alunos as teorias ou leis que foram descobertas ao longo do tempo, perderemos essa abordagem natural que levou o homem a criar o imenso campo de conhecimento que temos atualmente. O objetivo, portanto, seria tentar colocar o aluno no ponto que levou cientistas, linguistas, historiadores, etc. a se questionarem como entender ou melhorar a realidade que os rodeava.

- **Estágio 2.** À abordagem indutiva anterior, podemos adicionar uma série de atividades que *fomentam o papel ativo dos alunos*. O objetivo não é levar o aluno a receber o discurso passivamente, mas contribuir para sua construção com base em atividades de pesquisa, discussão ou experimentação. Dessa forma, partindo de uma abordagem significativa e funcional que desperte seu conflito cognitivo, conseguimos que o aluno seja um sujeito ativo de sua aprendizagem e, portanto, aumente sua motivação e seu envolvimento no processo. Ao mesmo tempo, ajudamos o aluno a desenvolver as competências de autonomia pessoal e de aprender a aprender.

- **Estágio 3.** Uma vez que tenhamos dominado o estágio 2, podemos *continuar avançando vinculando os conteúdos que precisam ser tratados com outras áreas*, permitindo a aproximação com metodologias globalizantes. Esse passo poderia consistir em nos coordenarmos com outros professores (nos casos em que não é um único professor o responsável por todas as áreas ou disciplinas) a fim de mostrar ao aluno como os conteúdos estão ligados e como eles nos ajudam a resolver problemas complexos da realidade. Nesse ponto, a coordenação entre dois ou três professores permitiria, por exemplo, vincular conteúdos de linguagens com conteúdo matemático e musical ou conteúdos de ciências com conteúdos de língua estrangeira e expressão artística.

- **Estágio 4.** Nessa última etapa, o aluno aprenderá a partir do *método globalizado*, de modo que vincule todas as disciplinas para a realização de projetos, monografias, trabalhos de pesquisa ou serviços à comunidade. Além disso, o papel dos alunos será diretivo, e seu processo educacional será monitorado pelo uso de contratos didáticos e atividades de tutoria. Essa etapa será o expoente máximo do trabalho de competências, uma vez que o aluno desenvolverá as competências globalmente e ficará responsável por seu processo de aprendizagem, sempre com o apoio e reforço do corpo docente.

Gênese dos métodos: trajetórias diferentes e troncos comuns

A preocupação com um ensino que prepara para a vida e no qual, como consequência, a aprendizagem realizada forme para ser competente é inerente ao desenvolvimento humano. A atuação formativa que os adultos sempre desempenharam com as crianças e os mais jovens foi direcionada a prepará-los para resolver suas necessidades pessoais, sociais e profissionais. Fora do âmbito escolar, ninguém jamais exerceu uma ação formativa que não tivesse como objetivo que o aprendiz realizasse tarefas familiares, sociais e laborais com o maior nível possível de eficácia.

Assim, desde sempre, a humanidade tem buscado as estratégias de formação mais eficientes para a aprendizagem dos mais jovens, sendo todas elas claramente pragmáticas. No entanto, e por diferentes razões, o ensino escolar passou dessas abordagens pragmáticas originais para modelos cada vez mais teóricos, produzindo um distanciamento entre teoria e prática. Esse distanciamento chegou a tal ponto que, ao contrário do próprio conhecimento da realidade, o saber, isto é, a teoria (não a reflexão sobre o que se faz ou se deve fazer, mas a teorização da reflexão), era anterior e imprescindível para o saber fazer.

Esse processo levou a uma escola orientada para um ensino de conhecimentos teóricos, distribuídos, por sua vez, em disciplinas estruturadas a partir da lógica das matérias, aumentando assim a distância em relação ao seu verdadeiro objeto de estudo – a realidade a partir das diferentes vertentes da análise de cada uma delas – e fazendo surgir o conflito entre teoria e prática de maneira cada vez mais generalizada. As consequências perversas desse processo têm forçado os professores a buscar alternativas que superem essa divergência, por meio de diferentes estratégias de formação que dão sentido ao conhecimento teórico, situando a realidade como objeto de estudo: resolução de problemas, estudos de caso, projetos, pesquisas, simulações, etc.

No entanto, seria totalmente ingênuo acreditar que esses métodos surgiram do nada. Como mencionado antes, eles são inerentes ao desenvolvimento humano, de modo que, de uma maneira mais ou menos explícita, encontramos ao longo da história estratégias de formação que respondem aos mesmos princípios. Assim, no mundo clássico, no trabalho dos mosteiros medievais, no Renascimento e, especialmente, na formação de diferentes agremiações, são utilizadas formas de ensino que hoje poderíamos assimilar à resolução de problemas, às simulações ou à pesquisa, entre outras.

Métodos para ensinar competências **41**

Quando falamos do ensino regulado e procuramos as origens mais explícitas das metodologias que hoje entendemos como apropriadas para uma formação em competências para a vida, devemos nos referir a autores e movimentos que eclodiram no início do século XX e que são herdeiros de pensamentos construídos e difundidos muito antes. Alguns deles bebem das ideias já anunciadas por Comenius (1592-1670) em sua *Didática Magna*, em que afirma que o conteúdo da aprendizagem deve ser focado no atendimento dos interesses e das necessidades dos alunos e que a motivação é alcançada ao se aproximar a escola da realidade. Outros têm como referência Pestalozzi (1746-1827), que, seguindo Rousseau (1712-1778), desenvolve toda uma proposta pedagógica adaptada ao desenvolvimento mental do aluno e baseada na observação da realidade, de modo que, a partir de "intuições confusas sobre as coisas, passe-se progressivamente para a aquisição de ideias claras e distintas".

É assim que, no final do século XIX e nas primeiras décadas do século XX, partindo de princípios baseados no funcionalismo e em uma visão de educação paidocêntrica (que desloca o olhar do que é preciso ensinar para quem tem de aprender), são desenvolvidos modelos didáticos pensados para uma formação que prepara para a vida. Há um claro deslocamento do objeto de estudo da escola: das disciplinas para a realidade percebida pelo aluno. Agora, as disciplinas acadêmicas têm um valor fundamental, mas não como fim, e sim como meio de interpretar a realidade.

É o filósofo e educador americano John Dewey (1859-1952) que desenvolve o marco teórico que permitirá a William Kilpatrick (1871-1965) construir uma proposta educacional que receberá o nome de *método de projetos*. Essa proposta, no entanto, está na raiz da obra de todos os pedagogos que compartilham das mesmas ideias principais: aprendizagem em ação, *vida* na escola, participação dos alunos em sua aprendizagem e trabalho colaborativo. Com essas constantes, autores como Decroly, Freinet, Claparède ou Ferrière desenvolvem diferentes estratégias de ensino. Surgem, assim, movimentos como a Escola Nova ou a Escola Moderna e, por extensão, todos aqueles movimentos ligados à chamada *pedagogia ativa*. É nesse contexto que são criados métodos que, muitas vezes sob diferentes nomes, levantam ideias substanciais comuns: estratégias pedagógicas com uma sequência didática cujo ponto de partida é o mesmo, um objeto de estudo próximo da realidade do aluno; a participação deste na busca de informações e na extração de conclusões; e a revisão dos diferentes conhecimentos abordados pelas diferentes disciplinas para fazer uma síntese e uma generalização do que foi aprendido.

42 Zabala & Arnau

Sob a estrutura do esquema de três fases de Claparède (*síncrese, análise e síntese*), John Dewey mostra mais claramente qual será o elo entre todos os métodos que surgiram mais tarde e ainda estão vigentes nos dias de hoje. Dewey estabelece uma analogia com o método científico e o processo de aquisição de conhecimento, defendendo a necessidade de que todo processo de aprendizagem tenha como objetivo responder a uma situação-problema de incerteza e dúvida (a síncrese). A partir dessa situação, o aluno deve seguir uma série de etapas. Em primeiro lugar, deverá ter uma ideia, ainda que vaga, de qual é a solução possível. Em seguida, o aluno realizará a formalização dessa suposição, o que Dewey chama de *intelectualização do problema*, a fim de direcionar o que será o trabalho fundamental de pesquisa por meio da observação e da experimentação, de forma que lhe permita ensaiar as diferentes suposições ou hipóteses e comprovar a sua plausibilidade. Por fim, o aluno procederá à reelaboração intelectual das hipóteses iniciais e sua adaptação aos modelos teóricos (síntese).

Dewey concretiza sua proposta metodológica em cinco fases:

1. Consideração de alguma *experiência atual e real* do aluno, no âmbito familiar ou comunitário.
2. Identificação de algum *problema* ou *dificuldade* decorrente dessa experiência, isto é, um obstáculo na experiência em que teremos de trabalhar para tentar estudá-lo e superá-lo.
3. *Inspeção dos dados disponíveis*, bem como busca por soluções viáveis. Nessa etapa, os materiais escolhidos e trabalhados passam a fazer parte do programa escolar.
4. *Formulação das hipóteses* de solução, que funcionarão como uma ideia orientadora para resolver o problema proposto.
5. *Comprovação da hipótese* pela ação, dado que, de acordo com a abordagem pragmática, a prática é a prova de valor da reflexão feita pelo educando com o objetivo de resolver o problema.

Como veremos, embora apresentem algumas variantes, essas fases são as utilizadas pelos diversos métodos globalizantes vigentes nos dias de hoje. Porém, o mais interessante é perceber que, já na década de 1930, Dewey fez uma proposta em que a capacidade de promover a aprendizagem em cada uma das suas fases é coerente com o conhecimento que temos hoje sobre como são produzidos os processos de aprendizagem e que, em grande medida, contempla as fases da sequência para o ensino de competências que descrevemos no capítulo anterior.

Métodos para ensinar competências **43**

Métodos globalizados e pedagogia de projetos

Seja em consonância com os princípios que acabamos de expor e de uma forma mais ou menos explícita, ou com contribuições que não provêm do mesmo fio condutor e com trajetórias e âmbitos muito diferentes, ou, muitas vezes, a partir do desconhecimento dos antecedentes, o certo é que surgiram métodos que, hoje, podemos considerar ajustados à formação para o desenvolvimento de competências para a vida. Sua revisão nos permite apreciar que seus referenciais têm muitos anos de história, e sua análise deve ser situada no momento de sua aparição e em seu âmbito disciplinar ou profissional de criação, de modo que os argumentos que os fundamentam dependam do conhecimento disponível naquela época sobre a aprendizagem e a didática e das finalidades propostas.

Os métodos que correspondem a um ensino para o desenvolvimento de competências para a vida e que são objeto deste livro são os seguintes: método de projetos, centros de interesse, pesquisa do meio, projetos de trabalho globais, resolução de problemas, estudos de caso, *role-playing*, simulações, aprendizagem-serviço* e aprendizagem produtiva.**

Tal como acontece com muitos dos conceitos pedagógicos, não há um acordo universal sobre os termos da nossa profissão, uma situação que é ainda mais notável no caso dos métodos. Encontramos sob o mesmo nome métodos bastante diferentes, bem como métodos muito parecidos com diferentes denominações. Assim, sob o nome de *projetos*,[1] aparecem descrições que podem ser aplicadas a outros métodos, e, ao mesmo tempo, métodos com um nome suficientemente explícito de uma forma de fazer oferecem variações que poderiam ser semelhantes a outros métodos. Por sua vez, todos esses métodos poderiam ser considerados formas diferentes do que é chamado de *pedagogia de projetos*, uma vez que cada um deles pode ser conceituado como um projeto, entendendo assim o fato de colocar o aluno em um processo de solução, desenvolvimento ou elaboração de algo que é interessante para ele.

---

* N. de R.T. O método é apresentado no Capítulo 10.

** N. de R.T. O método é apresentado no Capítulo 11.

[1] Segundo o glossário de termos de tecnologia educacional publicado pela Unesco, um projeto é "uma atividade prática e significativa de valor educativo, em relação a objetivos específicos de compreensão. Envolve pesquisa, resolução de problemas e, muitas vezes, o uso de objetos concretos. Essa atividade é planejada e realizada por alunos e professores em um ambiente natural e verdadeiro".

44 Zabala & Arnau

Como podemos ver, em todos esses métodos os alunos sabem os objetivos diretos da tarefa que eles têm de realizar (uma monografia, uma exposição, uma pesquisa, etc.) e que durante o processo aprenderão, de maneira funcional, diversos conteúdos de competência.

Já dissemos anteriormente que a tarefa que estabelecemos neste livro é identificar e descrever os métodos apropriados para o desenvolvimento de competências para a vida e atualizá-los à luz do conhecimento que temos hoje sobre as contribuições das diferentes ciências da educação. Com esse objetivo, no momento de descrever os diferentes métodos, optamos por escolher, entre as diversas variantes que são apresentadas com o mesmo nome, aquela que nos permite melhor diferenciá-la das outras. Uma versão que, respeitando sua gênese e intenção pedagógica, seja mais adequada ao nome com o qual os métodos são apresentados. E isso partindo da ideia de que o mais importante não é o desempenho, com mais ou menos rigor, de uma determinada sequência de acordo com um modelo padrão, mas que cumpra sua função; em nosso caso, a formação em competências para a vida.

Diferenças e denominadores comuns dos métodos

Os métodos selecionados têm uma abordagem globalizante e, embora possam ser utilizados para o ensino de cada uma das áreas ou disciplinas curriculares, são especialmente recomendados na perspectiva do desenvolvimento de competências para a vida. Assim, todos esses métodos fazem sentido como métodos globalizados em que as contribuições conceituais e procedimentais das disciplinas e matérias curriculares são os meios que, mais ou menos integrados, permitem ampliar o conhecimento e a capacidade de interpretar e agir em situações as mais próximas possíveis da realidade.

Sabemos que todo método de ensino pode ser descrito com base nas variáveis que o configuram: a *sequência didática*, que descreve as atividades de ensino-aprendizagem e da qual dependem as demais variáveis; as *relações interativas* que ocorrem no grupo-turma e que determinam o papel dos professores e a participação dos alunos; a *organização social da sala de aula*, que descreve as diferentes formas de agrupamento; a *organização do espaço*; a *gestão do tempo;* os *materiais curriculares* utilizados pelos professores e alunos; a *organização e apresentação do conteúdo* de aprendizagem; e o acompanhamento e a *avaliação* do processo e dos resultados alcançados.

Se fizermos uma revisão geral dos métodos que são objeto de nossa atenção e olharmos para as variáveis que os definem, veremos que existem coincidências na maioria, enquanto o que os caracteriza e diferencia é a sequência das

Métodos para ensinar competências **45**

atividades de ensino-aprendizagem, ou seja, a sequência didática. Voltaremos mais tarde a esta última variável e veremos agora o restante das variáveis que acabamos de enumerar. Assim, podemos dizer o seguinte:

- **Relações interativas.** O tipo de relações que se estabelece entre os alunos e os professores, ao longo do desenvolvimento da sequência didática, é coincidente, embora possamos encontrar certas nuances. Em todos os métodos, os alunos participam de todo o processo de forma ativa, tanto no momento de compartilhar o objeto de estudo e a tarefa a ser realizada quanto no processo de resolução e revisão do trabalho realizado. Em relação ao papel dos professores, em geral eles desempenham um papel de dinamizadores, orientadores e facilitadores de ajuda. Além disso, o grau de relacionamento interpessoal e de caráter colaborativo entre os alunos é notável.
- **Organização social da sala de aula.** Em todos os métodos há uma dinâmica grupal de sala de aula notavelmente complexa, coexistindo momentos de trabalho em grande grupo com momentos de trabalho em grupos pequenos, fixos e flexíveis, homogêneos e heterogêneos, e momentos de trabalho individual.
- **Organização do espaço.** O espaço não é reduzido à sala de aula, mas baseado no objeto de estudo e na tarefa a ser executada, de forma que as atividades em sala de aula sejam alternadas com atividades realizadas em outros espaços da escola e fora dela. Na própria sala de aula é feito um uso flexível e variado, distribuindo o espaço em círculo, em semicírculo, em pequenos grupos ou da maneira convencional, no momento da aula expositiva.
- **Gestão do tempo.** A distribuição do tempo é ajustada às necessidades do processo de pesquisa ou elaboração, adaptando-se às características e condições temporais da tarefa que deve ser executada.
- **Materiais curriculares.** Os recursos didáticos são múltiplos e dependem de cada uma das fases da sequência didática. Há um material disponível aos professores para a apresentação dos problemas ou das situações objeto de estudo, para o esclarecimento dos conteúdos de aprendizagem e para os momentos de síntese. Em relação aos materiais para os alunos, são aqueles destinados à pesquisa de informações, a experimentação e compreensão e a modelagem e exercitação.
- **Organização e apresentação do conteúdo.** Na fase inicial dos diferentes métodos, os conteúdos de aprendizagem nunca são apresentados a partir de sua fonte disciplinar, mas de uma abordagem

globalizante, uma vez que são sempre parte de situações globais. Seu caráter é, portanto, metadisciplinar. Na fase intermediária, de análise e elaboração, as ferramentas conceituais e processuais utilizadas geralmente provêm de uma ou mais disciplinas; seu caráter é disciplinar e interdisciplinar. Na fase final, na qual as conclusões são tiradas, volta-se ao objeto de estudo inicial a partir de uma visão global; portanto, seu caráter é metadisciplinar.

- **Avaliação.** Em todos os métodos, dado o grau de participação dos alunos e de elaboração de múltiplas produções de todos os tipos, orais ou escritas, podemos ter muitas evidências para a autoavaliação dos alunos e também para a heteroavaliação. Dados não apenas sobre os resultados obtidos, mas, acima de tudo, para o conhecimento acerca do processo de aprendizagem de cada um dos alunos.

Características diferenciais relacionadas à sequência didática

Aquilo que distingue cada um dos métodos para o ensino de competências está relacionado à *intenção* que articula todas as atividades da sequência didática e ao *produto* resultante do trabalho realizado. No entanto, em alguns casos, a intenção ou o produto que definem os diferentes métodos são de natureza muito similar. É o caso da intenção nos centros de interesse ou nos projetos de trabalho globais e do produto resultante na pesquisa do meio e na aprendizagem baseada em problemas (ABP). Como consequência do ponto de partida (intenção) e do resultado esperado (produto), as atividades a serem realizadas são moduladas e diferenciadas, especialmente na fase intermediária, de análise e elaboração (Quadro 3.1):

- **Intenção.** Cada um dos métodos está orientado para a *realização*, *compreensão* ou o *conhecimento* de um objeto ou uma situação. Essa intervenção sobre o objeto de trabalho desencadeará diversas ações dos alunos dirigidas à obtenção de respostas. Essa intenção será desde formas diretas em que o próprio conhecimento define o objetivo – como é o caso dos centros de interesse ou dos projetos de trabalho – até outras em que a intervenção do aluno é direcionada para a elaboração de algum objeto – como no método de projetos – ou para a compreensão de uma realidade por meio de uma atividade de empatia – como é o caso do *role-playing*. Em outros, como os métodos de

Métodos para ensinar competências **47**

QUADRO 3.1. Quadro comparativo dos diferentes métodos de ensino

	Intenção	Produto	Fase de análise e elaboração
Método de projetos	Realizar ou desenvolver um objeto.	Objeto ou montagem.	• Concepção. • Elaboração. • Validação.
Centros de interesse	Conhecer um tema em profundidade.	Técnicas de comunicação diversas.	• Observação. • Associação. • Expressão.
Pesquisa do meio	Realizar um trabalho de pesquisa sobre algum aspecto conflitivo do meio.	Comunicação com outros usando diferentes estratégias comunicativas.	• Identificação do problema. • Hipótese. • Pesquisa. • Confirmação das conclusões.
Projetos de trabalho globais	Conhecer um tema em profundidade e apresentá-lo de maneira ordenada.	Dossiê ou monografia.	• Sumário. • Pesquisa. • Conclusões. • Redação.
Estudo de caso	Analisar um exemplo em ação.	Relatório com o resultado do estudo de caso.	• Aproximação com o caso. • Primeiras avaliações. • Reflexão e análise. • Revisão e pesquisa de informações. • Conclusões.
Aprendizagem baseada em problemas (ABP)	Encontrar soluções para uma situação--problema.	Relatório ou memória com o resultado da comprovação da hipótese.	• Identificação do problema. • Hipótese. • Pesquisa. • Confirmação das conclusões.

(Continua)

48 Zabala & Arnau

(Continuação)

	Intenção	Produto	Fase de análise e elaboração
Role-playing	Colocar-se no lugar do outro (personagens ou coletivos).	Representação ou dramatização de uma situação.	• Identificação com alguns personagens. • Representação. • Análise.
Simulações	Dominar processos complexos a partir da prática.	Registro dos resultados da simulação para tirar conclusões.	• Compreensão. • Exercitação. • Conclusões.
Aprendizagem-serviço	Realizar um serviço para a comunidade para melhorá-la.	Serviço à comunidade.	• Análise de necessidades. • Definição do serviço. • Desenvolvimento do serviço. • Avaliação.
Aprendizagem produtiva	Construir um produto próprio de um âmbito profissional.	Produto próprio de um âmbito profissional.	• Escolha do âmbito profissional. • Definição da atividade produtiva. • Pesquisa. • Elaboração. • Exposição. • Avaliação.

pesquisa do meio, laboratório ou resolução de problemas, o que move o trabalho é a necessidade de responder a perguntas ou questões que exijam o uso de recursos para pesquisa e comprovação de hipóteses.

• **Fase de análise e elaboração.** Dependendo do que se pretende descobrir ou realizar, as atividades que serão executadas nessa fase podem ser unidas a uma estrutura muito definida ligada ao método científico e, portanto, seguindo suas fases tópicas (identificação do problema, hipótese, pesquisa e confirmação das conclusões). Essa é

Métodos para ensinar competências **49**

a estrutura que encontramos nos métodos de pesquisa do meio, laboratório e resolução de problemas. Em outros, é o processo de elaboração da monografia ou do objeto a ser produzido que determina as diferentes fases (sumário, pesquisa de informações, conclusões e escrita, no caso de projetos de trabalho; elaboração e validação, no caso do método de projetos). Também encontramos outras maneiras de articular as atividades, como *role-playing*, em que começaremos com a identificação de alguns personagens, sua representação e análise subsequente, ou simulações, em que trabalharemos por meio de compreensão, exercitação e conclusões.

* **Produto final.** Todos os métodos propõem uma maneira de concluir e comunicar os resultados do trabalho realizado. Em alguns, o produto final é definido pela própria intenção de maneira explícita, como no caso da metodologia de projetos e dos projetos de trabalho, com o desenvolvimento de um objeto, no primeiro caso, e de uma monografia ou dossiê, no segundo. Em outros, por sua vez, o resultado final do trabalho se materializa em relatórios simples ou memórias do conhecimento adquirido sobre um tema ou campo de estudo, e produções muito diferentes são utilizadas de acordo com diferentes técnicas e estratégias de comunicação (dramatizações, montagens audiovisuais, revistas, murais, etc.), como é o caso dos centros de interesse ou do método de pesquisa do meio.

Características diferenciais relacionadas às competências desenvolvidas

É preciso enfatizar que o mais importante para os métodos é cumprir as condições para que a aprendizagem seja tão significativa quanto possível e, portanto, conseguir o mais alto grau no domínio da competência. Por esse motivo, para cada método identificamos o seu referencial teórico e as diferentes potencialidades para o desenvolvimento de determinadas competências, visto que a diferença fundamental entre os métodos é a importância relativa das competências que cada um deles desenvolve.

Se fizermos uma análise das principais competências desenvolvidas por cada método, veremos que a maioria compartilha as competências social e cidadã e de aprender a aprender, mas as habilidades correspondentes a elas variam entre si. O denominador comum de todos os métodos é o fato de que cada um deles parte de uma situação que leva à ação. As diferenças são concretizadas nas estratégias cognitivas que são desenvolvidas em cada um dos casos: a maneira como o conhecimento é abordado (análise, observação, concepção, etc.), como a abordagem do conhecimento é determinada (identificação e seleção de problemas, estabelecimento de hipóteses, análise, etc.), como a pesquisa é realizada (direta ou indiretamente, trabalho de campo, experimentação, etc.), como as conclusões são tiradas e como os resultados obtidos são expressos e comunicados.

Nos capítulos seguintes, e para cada um dos métodos, depois de uma breve revisão da sua origem e de uma descrição da sua sequência de ensino-aprendizagem, fazemos uma análise de sua fundamentação teórica. Assim, procuramos identificar as competências que cada um dos métodos desenvolve de forma mais direta, de acordo com as diferentes áreas de competência: pessoal, interpessoal, social e profissional. Nessas descrições, podemos perceber as potencialidades de cada um dos métodos e que nenhum deles, por si só, é suficiente para responder às necessidades de desenvolvimento das competências para a vida. Essa diferenciação nos permite concluir a conveniência do conhecimento e do domínio de cada um dos métodos para que, dependendo das competências que se deseja desenvolver, um método ou outro seja usado, ou uma combinação deles.

Considerando essas diferenças em relação à contribuição de cada um dos métodos para o desenvolvimento das competências, e com base no conhecimento atual sobre os processos de aprendizagem, adicionamos alguns comentários a cada um dos métodos para a sua atualização. Assim, a partir da sequência de atividades descrita no capítulo anterior (ver página 20), acrescentamos a cada uma das diferentes fases comentários que permitem complementar a proposta inicial com aquelas atividades de ensino-aprendizagem que, à luz do conhecimento atual, permitem expandir as possibilidades educativas de cada um dos métodos.

4

MÉTODO DE PROJETOS

Origem

Conforme comentamos no Capítulo 3, *projetos* pode ser considerado um termo genérico que é utilizado, em muitos casos, para qualquer método de ensino alternativo ao método expositivo, que envolve a participação dos alunos para responder a uma situação motivadora ou para elaborar um produto.

Se olharmos para as definições gerais de Kilpatrick (1918), autor que estruturou e disseminou a metodologia de projetos, podemos ver seu caráter generalizável ao descrevê-la como:

> [...] uma atividade previamente determinada, cuja intenção predominante é uma finalidade real que orienta os procedimentos e confere a eles uma motivação.

> [...] um ato problemático que é levado à completa realização em seu ambiente natural.

> [...] um plano de trabalho preferencialmente manual, uma atividade motivada por meio da intervenção lógica, levando em consideração a diversidade globalizante do ensino.

Embora o próprio Kilpatrick estabeleça diferentes modelos de projetos, neste capítulo vamos nos concentrar no modelo baseado no *processo de elaboração de um produto.*

52 Zabala & Arnau

A partir dessa perspectiva, observamos que já no final do século XVI o conceito de projeto é utilizado de forma bastante natural nas academias de arte de Roma e Paris, especificamente nos cursos voltados para futuros arquitetos, ao incorporar em seus planos de estudo competições de projetos realizados pelos alunos. A necessidade de obter prêmios nessas competições causou uma mudança metodológica, orientando todo o processo de aprendizagem para a elaboração desses projetos. A aprendizagem a partir da realização de projetos estende-se até o final do século XVIII nas carreiras de engenharia, primeiro nas universidades europeias e, mais tarde, nas universidades americanas.

Porém, é na escola experimental da Universidade de Chicago onde Dewey, já em 1896, faz os primeiros ensaios e decide romper com o intelectualismo predominante no ensino. Em seguida, incorpora a experiência do aluno, seus interesses pessoais e o que ele chama de *impulsos para a ação*. Sua visão é caracterizada pela importância dada às diferenças individuais, às habilidades sociais dos alunos e ao seu desejo de participar do planejamento e da direção de sua própria aprendizagem, valorizando e fomentando a iniciativa individual, o aprender fazendo e a formação democrática. Todos esses princípios são baseados no que atualmente entendemos por *ensino de competências.*

Kilpatrick foi quem divulgou e realizou na prática as ideias de seu professor, Dewey. Suas propostas pedagógicas são as mais características do pragmatismo americano e da educação democrática. Ele defende um sistema baseado no funcionalismo, com influências do evolucionismo de Hall, das teorias comportamentais de Thorndike sobre a aprendizagem e, é claro, das socialistas de Dewey. Também inclui as ideias de Pestalozzi, entendendo que uma das chaves do ensino consiste em proporcionar aos alunos experiências significativas e interessantes que os levem a desenvolver seu senso de responsabilidade. Para ele, a escola deve ter como objetivo ensinar a pensar e agir de maneira inteligente e livre. Por isso, propõe que os programas sejam abertos, críticos e não dogmáticos, baseados na experiência social e na vida individual.

Kilpatrick (1918) entende o método como uma adaptação da escola a uma civilização em constante mudança. De acordo com esses princípios, o ponto de partida do método de projetos é o interesse e o esforço dos alunos, a partir dos quais os professores devem aproveitar as energias individuais, naturalmente dispersas, canalizando-as e integrando-as a um objetivo concreto.

> O método de projetos designa a atividade espontânea e coordenada de um grupo de estudantes que se entregam metodicamente à execução de um trabalho globalizado e escolhido livremente por eles. Eles têm, assim, a possibilidade de elaborar um projeto comum e de executá-lo, sentindo-se

Métodos para ensinar competências **53**

protagonistas em todo o processo, estimulando a iniciativa responsável de cada um dentro do grupo.

Descrição da sequência de ensino-aprendizagem

Embora Kilpatrick tenha proposto diferentes maneiras de desenvolver o método de projetos,[2] nos concentraremos aqui naqueles mais difundidos: o desenvolvimento ou a elaboração de um produto (um terrário, um vídeo, uma maquete, uma apresentação, um mural, etc.).

Fases da sequência de ensino-aprendizagem

1. Intenção

Nessa primeira fase, ocorre um debate para escolher o objeto ou a montagem que serão construídos e determinar como deve ser e quais são os objetivos.

Os alunos, coordenados e dirigidos pelo professor, debatem sobre os diferentes projetos propostos. Por fim, são escolhidos o objeto ou a montagem e o modo como se organizarão (grupo-turma, pequeno grupo, individualmente). Por último, são determinadas as características gerais do que se quer fazer e os objetivos que se pretende alcançar.

2. Preparação

Essa fase consiste em projetar o objeto ou a montagem. Da mesma forma, são planejados e programados os recursos necessários.

É o momento de definir com a máxima precisão o projeto a ser realizado. Será necessário planejar e programar os diferentes meios que serão utilizados, os materiais e as informações indispensáveis para sua realização, bem como as etapas e o tempo previstos.

---

[2]   Kilpatrick identificou quatro tipos de projetos: *Criativos.* Seu objetivo é o uso da imaginação e criatividade; são experiências nas quais o propósito dominante é fazer ou efetuar alguma coisa, dar corpo a uma ideia em uma forma material (um discurso, um poema, uma sinfonia, uma escultura, etc.). *Prazerosos.* Eles surgem das experiências cotidianas dos alunos, mas tentando ir além da diversão para tornar a aprendizagem consciente. O projeto consiste na apropriação proposital e prazerosa de uma experiência (p. ex., ver e apreciar uma peça de Shakespeare). *De problemas.* Nesses projetos, a criança recebe problemas fictícios, mas que podem ser encontrados na vida cotidiana. O principal objetivo é a experiência de resolver um problema, resolver um enigma ou uma dificuldade intelectual. *De aprendizagem.* São os mais comuns na escola tradicional. Incluem experiências em que o objetivo é adquirir certo grau de conhecimento ou habilidade ao qual a pessoa que aprende aspira em um momento específico de sua educação.

3. Execução

Essa fase corresponde à realização do plano estabelecido para elaborar o projeto.

Uma vez que o projeto foi planejado, e os meios e o processo a ser seguido foram determinados, inicia-se o trabalho de acordo com o plano estabelecido e são colocadas em prática as técnicas e as estratégias das diferentes áreas de aprendizagem (escrever, contar, medir, desenhar, montar, etc.). A escolha de uma ou outra dependerá das necessidades de elaboração do projeto.

4. Julgamento ou avaliação

Nessa fase, será realizada uma avaliação do projeto resultante e uma análise do processo seguido.

Quando o objeto ou a montagem estiverem concluídos, será hora de comprovar a eficácia e a validade do produto que foi desenvolvido. Ao mesmo tempo, são analisados o processo seguido e o papel e a participação dos alunos.

Fundamentação teórica

A revisão dos referenciais teóricos nos quais o método de projetos se baseia nos permite fazer uma avaliação sobre o seu potencial educacional: por um lado, as competências que desenvolve; por outro, como as pessoas aprendem essas competências.

Função social: objetivos de aprendizagem

O sentido principal do método de projetos tem um caráter claro de desenvolvimento democrático e de envolvimento e compromisso social dos alunos. Para Kilpatrick, a educação visa a aperfeiçoar a vida em todos os seus aspectos, não havendo fim mais transcendente. Assim, a escola deve ter como objetivo ensinar a pensar e a agir de forma inteligente e livre, estimulando a iniciativa responsável de cada um no cerne do grupo, a fim de desenvolver o pensamento democrático e o senso crítico e o envolvimento com o bem comum, contra ideias autocráticas que levam a seguidores dóceis. A educação que Kilpatrick defende tem como objetivo formar cidadãos responsáveis, reflexivos e com espírito colaborativo, o que equivale a educar em uma sociedade democrática, com suas respectivas limitações, liberdades e responsabilidades.

Com base nas afirmações anteriores, podemos sintetizar o papel atribuído à escola e, portanto, o papel do método de projetos: o desenvolvimento de competências relacionadas ao envolvimento social e ao compromisso ativo a partir de posições democráticas. A essas competências que justificam o método, no caso da versão limitada à realização de um produto, é necessário adicionar todas aquelas especificamente relacionadas aos conhecimentos e às habilidades que são desenvolvidos em seu processo de concepção e elaboração.

Muitas vezes, os propósitos que deveriam impregnar a metodologia de projetos têm sido fortemente borrados em sua aplicação, concentrando-se mais nos aspectos operacionais e formais do processo de desenvolvimento do que na análise das consequências do que é produzido e das relações interativas associadas à colaboração, à responsabilidade e ao compromisso com os demais. O resultado frequente tem sido, então, que, embora a sequência de atividades aparentemente correspondesse à definida pelo método, a maneira como era desenvolvida, sobretudo no grau e na forma de participação dos alunos, traía os propósitos educacionais que o método queria alcançar.

Âmbito pessoal

A partir da análise das atividades de aprendizagem da metodologia de projetos focada na elaboração de um produto, poderíamos dizer que as atividades desse âmbito estão voltadas para o desenvolvimento da competência de autonomia e iniciativa pessoal e de aprender a aprender.

As próprias fases do método envolvem a aprendizagem de uma série de habilidades e estratégias de pensamento associadas às competências de aprender a aprender. Assim, são inerentes ao próprio método: identificar o que se pretende construir para responder a uma necessidade específica; saber como projetá-lo, identificando as estratégias de elaboração ou as melhores alternativas que podem estar disponíveis no momento da seleção dos materiais; avaliar a adequação das diferentes soluções e todo o processo realizado, etc. Se, nesse processo, os alunos são obrigados a cumprir os objetivos estabelecidos e a tomar decisões de maneira pessoal e analítica, o desenvolvimento de atitudes de responsabilidade e senso crítico também pode ser facilitado.

O método desenvolve competências comunicativas, uma vez que a maioria das atividades é realizada em equipes heterogêneas, sendo constantemente utilizadas no processo de pesquisa de informações e na expressão e explicação do trabalho realizado e dos resultados obtidos.

Âmbito interpessoal

As relações interativas são determinadas pela vocação de desenvolver uma cidadania com espírito democrático e senso colaborativo. Essa intenção torna a dinâmica de grupo não apenas um meio de gerenciar a aula e facilitar a aprendizagem de conteúdos relacionados às disciplinas convencionais, mas também define uma organização social da sala de aula que deve estar a serviço do desenvolvimento da colaboração e da tolerância e de todos aqueles valores e atitudes que fomentam as competências de relacionamento interpessoal. O método de projetos apresenta a gestão das equipes com uma distribuição clara das tarefas pessoais e das responsabilidades em relação ao trabalho em equipe e com um compromisso explícito de ajuda e cooperação.

Como foi apontado anteriormente, o fato de o método de projetos ser frequentemente usado como uma produção unipessoal ou centrada na visão formadora ligada à elaboração do produto faz com que, de alguma forma, sejam traídas as principais razões de seus criadores iniciais, ao se deixar em segundo plano ou menosprezar todos aqueles aspectos relacionados à colaboração e ao compromisso interpessoal, que são inerentes ao método.

Âmbito social

O método de projetos é criado a partir de uma concepção de educação baseada no desenvolvimento de uma cidadania democrática que o determina, ou que deveria determiná-lo fortemente. A razão de ser do método é educar com um compromisso radical com a democracia e para a reformulação das instituições com base na participação, no raciocínio moral, na justiça social e na ação sobre o mundo.

Essa concepção é a que possibilita, no desenvolvimento das diferentes fases do método, oportunidades para promover o senso crítico e o compromisso social. Da mesma forma, está presente em cada uma das atividades do processo: desde o porquê do que é elaborado e sua incidência e oportunidade social até a extração de consequências no momento da avaliação dos resultados obtidos e do processo seguido.

Da mesma forma, o trabalho de pesquisa dos meios e dos materiais que serão utilizados e a escolha das melhores alternativas oferecem oportunidades de análise crítica, responsabilidade e envolvimento social.

Âmbito profissional

Embora o objetivo prioritário não esteja relacionado ao desenvolvimento de competências profissionais, o método de projetos é especialmente apropriado para aquelas profissões em que é necessária a realização de projetos. Sua filosofia não é aplicável apenas a modelos profissionais produtivos, mas a todos os âmbitos profissionais. E não é menos representativo o caso da escola em que são utilizados a terminologia e o formato de projetos para o trabalho habitual de planejamento de curto, médio e longo prazo, como modelo para a definição e o desenvolvimento de ações educativas: projeto educacional da escola, projetos curriculares, projetos linguísticos, projetos digitais, etc.

Além do uso formal do termo pelas organizações, é necessário enfatizar que as competências e as habilidades que são desenvolvidas em nível global e nas diferentes fases do método de projetos são especialmente necessárias para uma sociedade em constante mudança, na qual a capacidade de aprender a aprender e a inovação estão se tornando cada vez mais convenientes.

Concepção da aprendizagem: princípios psicopedagógicos

As raízes da metodologia de projetos desenvolvida por Kilpatrick baseiam-se no funcionalismo, com influência do evolucionismo de Hall e das teorias comportamentais de Thorndike sobre a aprendizagem, vigentes nas primeiras décadas do século passado.

O ponto de partida do método é, por um lado, o interesse; por outro, o esforço. Entre os dois conceitos há uma estreita relação, na qual o segundo se justifica como o meio para realizar um trabalho complexo que faça sentido para os alunos e que permita um notável grau de motivação para a ação.

Porém, não apenas o interesse dos alunos é determinante: sua experiência social e sua vida individual também são componentes suscetíveis de serem utilizados pelos professores, "aproveitando as energias individuais, naturalmente dispersas, canalizando-as e integrando-as a um objetivo concreto".

Os conceitos que acabamos de ver podem ser associados hoje aos da atitude favorável à aprendizagem e da motivação intrínseca em relação ao trabalho, sem esquecer o fato de partir dos conhecimentos e interesses prévios dos alunos.

Sem utilizar os mesmos termos, podemos ver que o método de projetos possibilita uma aprendizagem significativa, já que todos os conteúdos trabalhados têm um significado em relação ao seu papel para chegar à elaboração do projeto e, ao mesmo tempo, cada um deles, qualquer que seja sua origem disciplinar, está focado nessa visão global.

As ideias relacionadas à promoção da atividade mental e do conflito cognitivo são inerentes ao próprio método, aparecendo constantemente em todas as suas fases. No geral, podemos dizer que a metodologia, conforme proposta por seus criadores, respeita o conhecimento que temos sobre como a aprendizagem é produzida.

Análise e atualização

No Quadro 4.1, podemos comparar as fases do método de projetos e as fases descritas no segundo capítulo para o ensino de competências. Além disso, na última coluna, é feita uma proposta de atualização, à luz do conhecimento que temos atualmente sobre os processos de aprendizagem.

QUADRO 4.1. Fases do método de projetos e fases para o ensino de competências: comparação e proposta de atualização

Fase para o ensino de competências	Fases do método de projetos	Atualização
1. Estabelecimento dos objetivos. 2. Apresentação motivadora da situação em sua complexidade. 3. Revisão dos conhecimentos prévios. 4. Identificação e explicitação dos diferentes problemas ou questões levantadas em função da situação.	1. Intenção: debate para escolher o objeto ou a montagem a serem desenvolvidos, características que devem ter e a definição de objetivos.	A intenção inclui a fase de definição dos objetivos, a apresentação motivadora e a identificação das questões ou problemas levantados, mas não se refere abertamente à avaliação dos conhecimentos prévios dos alunos.
5. Delimitação do objeto de estudo (e concretização do produto final, quando apropriado). 6. Elaboração de hipóteses ou suposições. 7. Definição das estratégias de pesquisa, comparação ou aplicação para comprovar as hipóteses anteriores.	2. Preparação: concepção do objeto ou da montagem; planejamento e programação de recursos, materiais e informações necessários.	Na preparação, é feita a delimitação do objeto de estudo, são levantadas as questões ou aspectos relevantes e é planejado o trabalho. A formulação de hipóteses e as estratégias para comprová-las não são especificadas.

(Continua)

Métodos para ensinar competências **59**

(Continuação)

Fase para o ensino de competências	Fases do método de projetos	Atualização
8. Realização da pesquisa, da comparação ou da aplicação. 9. Seleção de dados relevantes em relação à situação--problema inicial e comprovação das hipóteses iniciais.	3. Execução: realização do plano estabelecido para a elaboração do projeto, utilizando o saber disciplinar das diferentes áreas, de acordo com as necessidades.	A execução inclui a realização da pesquisa, da comparação ou da aplicação, bem como a seleção de dados relevantes para desenvolver o produto ou a montagem.
10. Comunicação do processo seguido e das informações obtidas. 11. Integração e visão global ampliada. 12. Descontextualização e teorização sobre as aprendizagens realizadas. 13. Metacognição sobre o processo e o resultado: autoavaliação. 14. Estratégias de memorização e exercitação.	4. Julgamento ou avaliação: avaliação do projeto resultante e análise do processo seguido e da participação dos alunos.	Por fim, a última fase propõe a avaliação do projeto resultante e a metacognição do processo seguido. Para avaliar o projeto, ele deve ser comunicado, e para analisar o processo seguido, as conclusões pertinentes devem ser pensadas. No entanto, não são contempladas a descontextualização e a teorização sobre as aprendizagens realizadas, nem a transferência das competências aprendidas para novas situações. Tampouco são realizadas estratégias de memorização. Recomenda-se que sejam realizadas as atividades de exercitação e de memorização dos diferentes conteúdos procedimentais e factuais em oficinas depois da realização do projeto.

Projetos de trabalho: exemplos

EXPOSIÇÃO COLETIVA PARA CONHECER AS PRINCIPAIS PROFISSÕES DO SÉCULO XX **NÍVEL DE ENSINO: Anos finais do ensino fundamental** **ÁREAS: Ciências sociais, linguagens e educação artística**
Competência-alvo: fazer uma exposição sobre as principais profissões da sociedade de meados do século XX, utilizando diferentes fotografias, documentos e materiais, para interpretar como a sociedade evoluiu. **Metodologia:** propõe-se um método de projetos, já que os alunos devem selecionar os materiais para criar uma exposição com fotografias, documentos e materiais diversos, que eles mesmos deverão encontrar e selecionar.
FASE INICIAL
Estabelecimento dos objetivos
O professor irá propor aos alunos que eles conheçam melhor a época em que seus avós eram jovens, como eles viviam, como se divertiam, etc. Da mesma forma, compartilhará com os alunos toda a aprendizagem que eles terão a oportunidade de realizar em diferentes disciplinas e os critérios de avaliação.
Apresentação motivadora da situação em sua complexidade
O professor perguntará aos alunos se algum dos seus avós trabalhou em qualquer profissão relacionada a computadores, celulares ou terapias ou tratamentos de saúde e beleza de última geração (mesoterapia, vacuoterapia, depilação a *laser*, etc.).
Revisão dos conhecimentos prévios
O professor perguntará aos alunos se eles acham que as profissões atuais são as mesmas do século passado. Ele proporá um debate entre os alunos, após uma troca de ideias em equipe.
Identificação e explicitação dos diferentes problemas ou questões levantadas em função da situação
Os alunos verificarão se as profissões atuais são as mesmas que havia no século passado. Com as informações obtidas, eles farão uma exposição sobre as características das profissões no último século. Juntos, farão uma lista de perguntas sobre as possíveis profissões e suas características e também sobre como deve ser uma exposição.

Métodos para ensinar competências **61**

Delimitação do objeto de estudo (e concretização do produto final, quando apropriado)
Em primeiro lugar, será necessário conceber como deve ser a exposição e determinar o processo de realização. Em pequenos grupos, os alunos proporão as características da exposição, centrando o estudo nas décadas de meados do século XX.
FASE DE DESENVOLVIMENTO
Elaboração de hipóteses ou suposições
Os alunos tentam responder às perguntas que foram levantadas antes de procurar informações e decidir quais fontes de informação usarão. Essas ideias podem fornecer pistas sobre as fontes que poderão utilizar.
Definição das estratégias de pesquisa, comparação ou aplicação para comprovar as hipóteses anteriores
A internet? Um museu? Um livro? Os alunos escolherão as fontes que usarão como fontes indiretas. Também farão entrevistas e pedirão fotos e objetos para seus avós e seus amigos e farão um questionário com eles. Os alunos procurarão informações sobre diferentes formas de fazer uma exposição.
Realização da pesquisa, da comparação ou da aplicação
Os alunos conversarão com os seus avós, pedirão fotografias de seus trabalhos e do de seus irmãos, primos e amigos e levarão o questionário ao asilo do bairro.
Seleção de dados relevantes em relação à situação-problema inicial e comprovação das hipóteses iniciais
Os alunos classificarão todas as informações obtidas de acordo com as características definidas na concepção do projeto, selecionando as mais apropriadas. Extrairão as conclusões sobre as profissões daquela época e as diferenças em relação às atuais. Em seguida, elaborarão os textos que devem acompanhar as fotografias e os objetos coletados.
Comunicação do processo seguido e das informações obtidas
Após a seleção dos materiais, os alunos colocarão os elementos em diferentes murais a serem expostos no ginásio ou na recepção da escola. Os alunos convidarão suas famílias e as pessoas que os ajudaram para ver a exposição.

Integração e visão global ampliada
Tendo em vista toda a informação obtida e sua representação na exposição, os professores, junto com os alunos, tirarão conclusões e terão uma visão conjunta dos diferentes componentes que permitem estabelecer as características de uma determinada época.

Descontextualização e teorização sobre as aprendizagens realizadas
Com a ajuda do professor, os alunos extrairão ideias gerais sobre a evolução das profissões e como suas características são condicionadas pelas necessidades sociais, pelos meios econômicos e pelo desenvolvimento tecnológico. No dossiê pessoal, os alunos devem colocar a linha do tempo e os dados mais relevantes do século XX e apresentar as características dos meios usados (fotografias, textos, entrevista, questionário) e da exposição.

FASE DE SÍNTESE

Metacognição sobre o processo e o resultado: autoavaliação
Os alunos revisarão o processo seguido, como acessaram a informação, se foi difícil selecioná-la, se foi difícil preparar a exposição, do que mais se lembram... Compararão o que sabiam antes de fazer o trabalho e o que conhecem e sabem fazer agora. Além disso, avaliarão como foi trabalhar com os avós, se gostaram, se foram ensinados, se acham que eles também podem ensinar coisas...

Estratégias de memorização
Os professores continuarão se referindo às profissões trabalhadas no desenvolvimento de tópicos posteriores. Além disso, recomenda-se que os alunos trabalhem e usem essas aprendizagens relacionando-as à literatura contemporânea, aos fenômenos sociais, à evolução tecnológica, aos movimentos culturais, etc.

Métodos para ensinar competências **63**

REFLORESTAMENTO DE MATA QUEIMADA
NÍVEL DE ENSINO: Ensino médio
ÁREAS: Biologia, matemática, ciências sociais, linguagens e educação artística

Competência-alvo: avaliar e reconhecer a importância da mata nos âmbitos econômico, ecológico e social, para se comprometer ativamente com as necessidades da comunidade.

Metodologia: o modo de abordar essa unidade tem um duplo caminho: por um lado, situa-se como um centro de interesse em que cada uma das áreas contribui com sua visão sobre os incêndios e as árvores ou dá motivo para utilizar diferentes recursos disciplinares a partir desse assunto; por outro lado, o trabalho de reflorestamento é considerado um método de projetos.

FASE INICIAL

Estabelecimento dos objetivos

O professor proporá aos alunos que participem ativamente no reflorestamento de uma mata próxima à escola, já que é um elemento importante na comunidade, devido ao seu valor econômico, ecológico e social. Da mesma forma, compartilhará com eles toda a aprendizagem que terão a oportunidade de realizar em diferentes disciplinas e os critérios de avaliação.

Apresentação motivadora da situação em sua complexidade

Serão reunidas notícias sobre algum incêndio florestal ocorrido no bairro ou município onde a escola está localizada (ou nas proximidades). Serão feitas considerações sobre como as matas queimadas podem ser reflorestadas.

Revisão dos conhecimentos prévios

O professor, em primeiro lugar, tentará identificar qual é o conhecimento que os alunos têm sobre as causas e consequências do fogo e sobre as diferentes estratégias de reflorestamento.

Identificação e explicitação dos diferentes problemas ou questões levantadas em função da situação

Por equipes, os alunos elaborarão um inventário de todas as questões que devem resolver antes de estabelecer o modelo de reflorestamento e os meios que utilizarão.

Delimitação do objeto de estudo (e concretização do produto final, quando apropriado)
Nesse momento, o professor, aproveitando as iniciativas existentes no município, considerará a possibilidade de participar do reflorestamento de uma mata próxima à escola. Para começar, será necessário preparar um pequeno relatório com as ideias disponíveis. O compartilhamento e o debate posterior mostrarão que a ação de participação no reflorestamento deve ser acompanhada de um estudo sistemático que permita conhecer em profundidade as causas e as consequências dos incêndios florestais.
FASE DE DESENVOLVIMENTO
Elaboração de hipóteses ou suposições
A conclusão a que chegará esse trabalho é a de que o reflorestamento não consiste no simples plantio de árvores, sendo necessário realizar um projeto prévio que inclua de forma metódica todas as decisões a serem tomadas referentes a diversos aspectos: espécies de árvores que se adaptam melhor ao terreno, momento do plantio, tipo de técnicas que podem ser utilizadas e ferramentas mais apropriadas, forma de distribuir o trabalho e estrutura de sua gestão, etc.
Definição das estratégias de pesquisa, comparação ou aplicação para comprovar as hipóteses anteriores
Agora é necessário formar equipes móveis que, simultaneamente, realizem atividades relacionadas à tarefa de reflorestamento, sejam elas referentes à ampliação do conhecimento sobre as causas e consequências dos incêndios florestais ou para entender a função das plantas. A fim de decidir sobre o projeto de plantação, será feita uma busca na bibliografia para elaborar uma entrevista. Um técnico florestal será entrevistado.
Realização da pesquisa, da comparação ou da aplicação
Será feita a entrevista com o técnico florestal. Nas diferentes áreas curriculares, também serão realizadas atividades relacionadas ao mesmo processo de plantio: nas ciências sociais e naturais, conhecimento sobre a nutrição das plantas, relação dos seres humanos com os materiais e seres vivos, a natureza usada como recurso, a percepção do espaço, as desigualdades e os conflitos no mundo de hoje... Em matemática, falamos da distribuição ordenada e racional do espaço com base em cálculos geométricos, cálculo de porcentagens...

Métodos para ensinar competências **65**

Seleção de dados relevantes em relação à situação-problema inicial e comprovação das hipóteses iniciais
Uma vez comprovadas as hipóteses iniciais, será realizado o reflorestamento da mata, aplicando as medidas trabalhadas, as ferramentas e as espécies selecionadas, etc.
Comunicação do processo seguido e das informações obtidas
A publicação de um extenso relatório sobre o projeto realizado na revista da escola representará uma síntese integradora do processo seguido e do conhecimento adquirido.
Integração e visão global ampliada
A dispersão das ações empreendidas pode ter embaçado a visão global. Entre todos, é necessário realocar as medidas tomadas e o sentido que cada uma delas tem para a manutenção do ecossistema mata. O conhecimento adquirido em cada uma das áreas será colocado em prática no momento da realização do reflorestamento, o que permite a integração do conhecimento em todos os momentos, e não apenas no final da unidade. Ao longo do projeto, podem ser estabelecidas ligações entre os diferentes conhecimentos e as ações realizadas.
Descontextualização e teorização sobre as aprendizagens realizadas
A espinha dorsal de toda atividade é o compromisso com o meio ambiente e a sociedade. O trabalho realizado permitirá que todos os alunos compreendam o seu significado e estejam emocionalmente ligados aos princípios e valores envolvidos. Ao mesmo tempo, as conclusões tiradas sobre a ação empreendida não se limitarão ao espaço em que se manifestaram, mas terão sido os meios para estabelecer generalizações sobre a importância das florestas e das plantas.
FASE DE SÍNTESE
Metacognição sobre o processo e o resultado: autoavaliação
O grupo-turma analisará o relatório, de modo que possa revisar o processo seguido, avaliar seu envolvimento e refletir sobre a importância das florestas e do meio ambiente para nossa saúde e bem-estar. Individualmente, cada aluno avaliará as lições aprendidas e as relacionará com as ideias que tinha sobre o papel das florestas e da complexidade biotópica.

Estratégias de memorização
Para além da elaboração das sínteses parciais e globais, os professores de cada uma das diferentes áreas irão propor atividades específicas de exercitação e estudo, algumas das quais serão acompanhadas por testes orais e escritos. Os conteúdos mais genéricos, tanto atitudinais quanto conceituais ou procedimentais, serão recuperados periodicamente para facilitar a memorização.

PRODUÇÃO DE UMA HISTÓRIA EM QUADRINHOS SOBRE A CRISE ECONÔMICA NA ESPANHA
NÍVEL DE ENSINO: Ensino médio
ÁREAS: Ciências sociais, matemática, linguagens e educação artística

Competência-alvo: apresentar graficamente, de modo resumido e crítico, as principais razões para a crise econômica na Espanha, para poder avaliar as circunstâncias e consequências sociais vivenciadas desde os primeiros anos do século XXI.

Metodologia: propõe-se uma metodologia de projetos, visto que os alunos devem elaborar uma história em quadrinhos com base em uma pesquisa, a fim de comunicar de maneira atraente e clara as principais ideias da crise.

FASE INICIAL

Estabelecimento dos objetivos

Os professores perguntarão aos alunos se eles poderiam explicar por que a atual crise econômica da Espanha ocorreu e proporão que se aprofundem em suas causas, para estarem cientes dos motivos que levaram à situação social em que se encontram os espanhóis. Da mesma forma, compartilharão com eles toda a aprendizagem que terão a oportunidade de realizar em diferentes disciplinas e os critérios de avaliação.

Apresentação motivadora da situação em sua complexidade

Depois de passar o vídeo *Españistán*, do cartunista Aleix Saló, que fala sobre a bolha imobiliária na Espanha, o professor proporá que os alunos criem uma história em quadrinhos explicando as razões da crise econômica e seus efeitos sociais (ESPAÑISTAN, 2011).

O professor perguntará, primeiro individualmente e depois em grupos, o que os alunos sabem sobre a crise, se conheciam as razões citadas no vídeo, se assistiam outro vídeo ou programa, se leram algum artigo, se conversaram com suas famílias, etc.

Métodos para ensinar competências **67**

Identificação e explicitação dos diferentes problemas ou questões levantadas em função da situação
A partir do debate anterior, veremos que as razões para a crise são diversas e que a explicação não é simples, uma vez que existem muitos fatores relacionados a ela (sociais, econômicos, demográficos, políticos, etc.). Em grupos, os alunos elaborarão uma lista de questões que acham que devem ser consideradas para entender como melhorar a crise e as características específicas de um meio de comunicação ou expressão, como são as histórias em quadrinhos, bem como seu processo de elaboração.
Delimitação do objeto de estudo (e concretização do produto final, quando apropriado)
Os alunos decidirão a história em quadrinhos que desenvolverão, seguindo o exemplo que viram no vídeo. Eles devem reunir as diferentes razões que causaram a crise espanhola atual, levando em conta que podem ser usadas para explicar esse fenômeno para outros alunos. Nesse ponto, e tendo em vista que os motivos são muito complexos, teremos que investigar e localizar as principais fontes da crise. Embora a crise seja global, pesquisá-la no mundo todo é muito complicado, motivo pelo qual a pesquisa é focada na Espanha.
FASE DE DESENVOLVIMENTO
Elaboração de hipóteses ou suposições
Os estudantes investigarão as causas relacionadas ao modelo de consumo, ao sistema de produção espanhol, às pressões dos mercados financeiros e às políticas aplicadas desde o final do século XX. Os grupos refletirão sobre as ideias que já têm em relação a cada um desses aspectos.
Definição das estratégias de pesquisa, comparação ou aplicação para comprovar as hipóteses anteriores
Os alunos, em pequenos grupos e com a ajuda do professor, decidirão qual bibliografia, páginas da internet e filmes usarão. Por outro lado, procurarão modelos de histórias em quadrinhos que possam servir de referência. Isso permitirá fazer um desenho esquemático da estrutura dos quadrinhos.
Realização da pesquisa, da comparação ou da aplicação
Uma vez decididos os meios, os alunos farão a extração dos dados mais significativos em relação às questões levantadas.

Seleção de dados relevantes em relação à situação-problema inicial e comprovação das hipóteses iniciais
Após a pesquisa, os alunos selecionarão os dados principais que usarão no desenvolvimento de seus quadrinhos. Com base na estrutura e na estética da história em quadrinhos escolhida, eles elaborarão o enredo e distribuirão as diferentes tirinhas entre os membros da equipe.
Comunicação do processo seguido e das informações obtidas
Uma vez terminada a história em quadrinhos, serão feitas as cópias necessárias para distribuí-las entre os familiares e os alunos da escola. O professor proporá que cada equipe explique sua história em quadrinhos para uma turma de alunos de um ano anterior.
Integração e visão global ampliada
Quando os quadrinhos estiverem prontos, os alunos compartilharão com o grupo. Nesse momento, o professor perguntará se todos encontraram as mesmas causas e se haveria possibilidade de se fazer um resumo, após vistos os diferentes quadrinhos, das principais razões que causaram a crise.
Descontextualização e teorização sobre as aprendizagens realizadas
Depois de preparar o resumo, o professor conduzirá as conclusões e as complementará com as principais causas europeias e mundiais que acompanharam os eventos em nível nacional.
FASE DE SÍNTESE
Metacognição sobre o processo e o resultado: autoavaliação
Os alunos revisarão o processo seguido, como acessaram a informação, se a compararam, se foi difícil expressá-la nesse formato, quais são as ideias mais importantes... Além disso, avaliarão o trabalho com os alunos mais novos: se gostaram de ensinar sobre a crise, se gostariam de fazer outras atividades juntos, etc.
Estratégias de memorização
O corpo docente continuará se referindo às principais conclusões no desenvolvimento de tópicos posteriores. Além disso, recomenda-se que os alunos trabalhem e usem essas aprendizagens relacionando-as à literatura contemporânea, aos fenômenos sociais, aos problemas matemáticos, etc.

5

CENTROS DE INTERESSE

Origem

L'école par la vie, pour la vie.

O *centro de interesse*, criado em sua origem para as etapas iniciais do ensino, é atualmente um método desenvolvido, em sua essência, em todas as etapas educacionais.

Em 1901, Ovide Decroly (1871-1932) fundou a instituição educacional École d'Enseignement Spécial pour Enfants Irreguliers e, em 1907, criou a École de l'Hermitage. Em sintonia com o movimento educativo da Escola Nova, propõe diferentes estratégias pedagógicas, entre as quais o centro de interesse, baseado na aplicação do princípio de globalização.

Suas propostas partem da necessidade de transformar os fundamentos da escola tradicional e substituí-los por propostas totalmente diferentes. Essa posição surge da análise que ele faz da escola, considerando-a em grande parte responsável pelos males da sociedade e indiferente a uma vida que está cada vez mais complicada. "É da preparação dos jovens que todos devem participar, a única chave para um futuro em que a justiça e o direito no trabalho solidário superem o poder cego e a desigualdade" (DECROLY, 1997).

Decroly desenvolve sua alternativa à escola tradicional a partir de seus estudos sobre psicogênese e sobre a função da globalização, o interesse e a expressão. Esse conhecimento fundamentará o método dos centros de interesse. Os estudos sistemáticos que realiza sobre a evolução das crianças permitem ao autor estabelecer algumas constantes de desenvolvimento, nas quais, a partir da observação individual, revela também a especificidade de cada pessoa, que se apresenta como um todo indivisível, vinculando irredutivelmente o corpo e o pensamento, o sensorial e o perceptivo, o afetivo e o intelectual: "É a totalidade do indivíduo que percebe, pensa e age em conjunto" (DECROLY, 1997).

A psicogênese revela um fato que tem particular importância para a organização das primeiras aprendizagens: a criança não é um adulto "diminuído" ou uma folha de papel em branco, é simplesmente um "outro". Os estudos de Decroly sobre a evolução das funções mentais permitem constatar as sinergias entre o indivíduo e o meio. A criança nasce com estruturas que são hereditárias, e a interação emocional com o meio garante seu funcionamento. Assim, a atividade é o segredo para a aprendizagem. Mas as primeiras representações que a criança constrói espontaneamente em contato com o mundo exterior são globais, apresentando em um único bloco as propriedades do objeto e suas próprias reações. O meio estimula a atividade, e suas representações desenvolvem as capacidades motoras, sensoriais, perceptivas, afetivas, intelectuais e expressivas, oferecendo uma experiência pessoal que será o material de toda a sua aprendizagem posterior. A princípio, a globalização domina o pensamento e, a partir daí, a criança começa, progressivamente, a descobrir os traços que determinam o acesso ao pensamento analítico.

Partir do interesse do aluno ou promovê-lo é um fator determinante para seu desenvolvimento e sua aprendizagem. Decroly e outros autores, como Claparède, desenvolvem seu programa com base no interesse como expressão de uma necessidade. O interesse é entendido como uma conjunção de inteligência e afetividade, pois, para estimular a inteligência do aluno, é necessário abordar sua afetividade e despertar sua curiosidade. Dessa forma, o interesse torna-se uma alavanca para a aprendizagem quando é baseado nas necessidades individuais e básicas.

Decroly distingue quatro tipos de necessidades na criança: primárias (respirar, comer, beber, dormir, higiene, etc.), secundárias (vestir-se, abrigar-se, proteger-se do frio e das intempéries, etc.), de segurança (medo, defesa contra perigos diversos, inimigos, etc.) e sociais (trabalhar, colaborar, descansar, etc.).

A expressão é o outro eixo que fundamenta as propostas decrolinianas, sobretudo o método dos centros de interesse. A expressão mobiliza o corpo, a palavra, o gesto, a escrita, a arte, etc. A distribuição dessas diversas formas de expressão na vida cotidiana mostra a importância e o valor das manifestações não verbais, em geral negligenciadas ou sacrificadas pela escola e pela maioria dos testes, que utilizam principalmente linguagem articulada ou códigos convencionais.

Sob esses princípios, o método dos centros de interesse, precursor da interdisciplinaridade, conjuga, a partir de uma abordagem globalizante, a interação do aluno com o meio sobre um aspecto ou assunto de seu interesse e que mobiliza para adquirir conhecimento.

Descrição da sequência de ensino-aprendizagem

Os centros de interesse têm como objetivo conhecer um tópico a partir de seu estudo, a partir de diferentes vertentes. A sequência de ensino-aprendizagem é estruturada a partir da *observação*, *associação* e *expressão*. De acordo com Decroly, o desenvolvimento intelectual da criança se baseia no funcionamento coordenado dessas três faculdades. A observação é o ponto de partida de qualquer aprendizagem, pois proporciona motivação e contato direto com a realidade. O processo de associação, por sua vez, integra os fatos observados na aprendizagem dos já disponíveis e promove novas buscas. E, por fim, a expressão ocorre ao longo do processo de reflexão verbal, gráfica e concreta, sempre personalizada e progressivamente aprimorada.

Fases da sequência de ensino-aprendizagem

Como já mencionado, no método dos centros de interesse é possível distinguir três fases dentro da sequência de ensino-aprendizagem: observação, associação e expressão. Vejamos cada uma delas.

1. Observação

Uma vez que o tema em estudo tenha sido determinado com a participação dos alunos, o próximo passo deverá ser a realização de um conjunto articulado de atividades de contato, a partir de sua totalidade, com os objetos, os seres e os acontecimentos relacionados à temática de estudo. Trata-se de um processo intelectual complexo que prepara o trabalho de análise-síntese que é desenvolvido de forma concatenada nas três fases.

Por meio da observação, baseada na percepção e sensação, os alunos adquirem o reconhecimento das qualidades sensoriais dos objetos. É um trabalho de extração de propriedades mediante o qual se introduz, progressivamente, por meio de cálculos e medições, na compreensão e no uso de diferentes noções: peso, longitude, capacidade, etc. Palavras novas e mais precisas são descobertas.

A partir da observação, o aluno vai aos poucos se aproximando de matérias como biologia, física e química, em um processo analítico de caráter interdisciplinar como meio de conhecer a complexidade da realidade e o valor dos instrumentos conceituais e metodológicos dos diferentes campos de conhecimento.

2. Associação

Com base nas observações feitas, os alunos estão em posição de estabelecer relações entre o conteúdo observado e outras ideias não observáveis ou mais abstratas. Essa fase permite o desenvolvimento de ideias gerais por meio do estudo e da comparação dos objetos, estabelecendo relações que podem ser espaciais, temporais, tecnológicas e de causa e efeito.

3. Expressão

Para Decroly, todo conhecimento passa pela necessária reformulação pessoal do conhecimento, e se expressa de muitas maneiras. A observação e a associação estão intimamente relacionadas à expressão, a qual o autor divide em *concreta* e *abstrata*. A expressão concreta se dá quando os alunos materializam suas observações e criações pessoais e se traduz, entre outros, em trabalhos manuais, modelagens, carpintaria, impressão, cerâmica, desenho ou música. A expressão abstrata traduz o pensamento com a ajuda de símbolos e códigos convencionais (letras, números, fórmulas, símbolos musicais, etc.) e é identificada com a linguagem linguística, matemática ou musical. Por fim, todo o trabalho realizado é concluído com uma apresentação sobre tudo o que foi aprendido.

Fundamentação teórica

Os estudos sobre as características psicológicas das crianças determinam a estrutura básica dos centros de interesse. Em primeiro lugar, a globalização, entendida a partir de duas vertentes: de um lado, aquela relacionada ao próprio aluno como um ser considerado a partir de sua totalidade, não sendo capaz de dissociar o trabalho mental do afetivo; de outro, aquela relacionada à maneira como ele se aproxima e percebe a realidade, isto é, a vida.

A essas ideias, devemos acrescentar o papel que Decroly atribui à escola como meio para promover, no conjunto da sociedade, uma série de valores, entre os quais o respeito pelo indivíduo como pessoa, a cooperação e a solidariedade, a confiança em si e nos outros, a rejeição ao dogmatismo, a democracia participativa, a negação de uma hierarquia das culturas e a primazia do espírito sobre a letra.

Métodos para ensinar competências **73**

Função social: objetivos de aprendizagem

Âmbito pessoal

O trabalho recorrente de observação, associação e expressão faz parte de qualquer método científico, ajudando o aluno no conhecimento profundo e rigoroso dos fatos e seres estudados. Em todo o processo, a partir da visão global perceptiva, do trabalho sistemático de análise e da síntese subsequente, os alunos adquirem uma série de instrumentos conceituais e metodológicos, bem como estratégias de pensamento e aprendizagem, desenvolvendo sua criatividade e seu senso crítico. Ou seja, todo um conjunto de competências relacionadas com o *aprender a aprender*.

A atividade dos alunos no trabalho para o conhecimento reflexivo do mundo ao seu redor permite a aquisição progressiva da autonomia e do senso de responsabilidade. O fato de serem ativos em sua própria educação e de tomar iniciativas e responsabilidades no funcionamento da escola faz os alunos terem consciência do valor de suas ações e do papel das normas de convivência.

Âmbito interpessoal

O método é proposto como uma atividade social em que a aprendizagem individual é o resultado de um trabalho conjunto baseado na cooperação, no respeito aos demais e na solidariedade.

Âmbito social

A escola é concebida como um meio social, como uma pequena sociedade, estruturada em representações e comitês para a tomada de decisões sobre o *governo* da coletividade. A essa articulação da participação dos alunos como meio para a conformação de atitudes de compromisso social, devemos adicionar aquelas oriundas das temáticas dos próprios centros de interesse, com um claro envolvimento crítico e comprometido com o entorno e a sociedade.

Âmbito profissional

No método dos centros de interesse, as competências de caráter profissional podem ser deduzidas a partir do grau de responsabilidade e autonomia no trabalho pessoal e de grupo, bem como da aprendizagem de estratégias para a resolução de situações e problemas novos.

Concepção da aprendizagem: princípios psicopedagógicos

Os princípios da proposta de Decroly são uma consequência do conhecimento psicopedagógico que ele tem a partir de seus estudos. Esses princípios articulam o método. Assim, os elementos que mobilizam suas propostas educacionais são a psicogênese, o desenvolvimento, a função globalizante e o papel da observação, da associação e da expressão como elementos formadores do pensamento. A partir do conhecimento atual, podemos destacar a relevância de suas contribuições. Uma revisão dos princípios psicopedagógicos nos permite observar como a metodologia dos centros de interesse os leva em consideração de maneira majoritária.

O fato de que a realidade, a vida, seja o objeto de estudo não apenas tem a ver com a necessidade de formar cidadãos que sabem e podem intervir ativamente, mas sobretudo com a necessidade de partir do conhecimento prévio, estimular uma atitude favorável para a aquisição de novos conhecimentos e se envolver emocionalmente na aprendizagem. O conceito de *interesse* da metodologia decroliniana está relacionado às necessidades vitais e, em consequência, aos componentes afetivos.

As atividades de observação não são o resultado de uma demanda externa, mas da busca de respostas para questões que surgem de uma situação global. Afinal, o processo de observação não é nem mais nem menos do que uma abordagem analítica expressa em uma série de questões que fazem sentido como integrantes de um todo. A função globalizante é uma das chaves da metodologia e possibilita, por meio do trabalho de associação, o estabelecimento de relações entre as diferentes aprendizagens realizadas, proporcionando-lhes, assim, o grau máximo de significância.

Nesse processo metodológico de observação-associação-expressão, é garantida a atividade mental necessária para aprofundar a conceitualização das aprendizagens realizadas. Ao mesmo tempo, as diferentes estratégias de aprendizagem e os procedimentos utilizados, provenientes de diferentes disciplinas, são aprendidos por seu valor como ferramentas para o conhecimento ou a comunicação.

Análise e atualização

No Quadro 5.1, podemos comparar as fases da metodologia dos centros de interesse e as fases descritas para o ensino de competências. Além disso, na última coluna, é feita uma proposta de atualização, à luz do conhecimento que temos hoje sobre os processos de aprendizagem.

Métodos para ensinar competências **75**

A análise, no entanto, é feita a partir do esquema descrito do método. Em muitos casos, as atividades consideradas de atualização já são utilizadas em muitas salas de aula.

QUADRO 5.1. Fases do método dos centros de interesse para o ensino de competências: comparação e proposta de atualização

Fases para o ensino de competências	Fases do método dos centros de interesse	Atualização
1. Estabelecimento dos objetivos. 2. Apresentação motivadora da situação em sua complexidade. 3. Revisão dos conhecimentos prévios. 4. Identificação e explicitação dos diferentes problemas ou questões levantadas em função da situação. 5. Delimitação do objeto de estudo (e concretização do produto final, quando apropriado). 6. Elaboração de hipóteses ou suposições. 7. Definição das estratégias de pesquisa, comparação ou aplicação para comprovar as hipóteses anteriores.	1. Observação. 2. Associação.	Embora nem todas as fases apareçam no desenvolvimento do método, algumas delas estão implícitas. As que podem ser consideradas menos evidentes são aquelas relacionadas à metacognição e ao processo metodológico de explicitação das questões a serem resolvidas, bem como as hipóteses ou suposições sobre as questões levantadas pelo tema de estudo. Nesse caso, o trabalho de coletar e selecionar os dados mais significativos é uma das atividades mais relevantes do método.

(Continua)

(Continuação)

Fases para o ensino de competências	Fases do método dos centros de interesse	Atualização
8. Realização da pesquisa, da comparação ou da aplicação. 9. Seleção de dados relevantes em relação à situação-problema inicial e comprovação das hipóteses iniciais.	3. Expressão.	A comunicação, o processo de descontextualização e a integração são claramente desenvolvidos nessa fase. Não fica claro, entretanto, o processo de reflexão sobre a própria aprendizagem e os passos realizados e as atividades subsequentes para promover a memorização.
10. Comunicação do processo seguido e das informações obtidas. 11. Integração e visão global ampliada. 12. Descontextualização e teorização sobre as aprendizagens realizadas. 13. Metacognição sobre o processo e o resultado: autoavaliação. 14. Estratégias de memorização e exercitação.		

Métodos para ensinar competências **77**

Centros de interesse: exemplos

O MAR
NÍVEL DE ENSINO: Anos iniciais do ensino fundamental
ÁREAS: Biologia, matemática, ciências sociais, linguagens e educação artística

Competência-alvo: descobrir quais são os elementos que compõem o mar, um espaço natural que tem grande impacto na vida dos seres humanos e no qual diferentes atividades são desenvolvidas: lazer, pesca, transporte.

Metodologia: um centro de interesse é proposto a partir de diferentes materiais, como fotografias, ferramentas e elementos naturais extraídos do mar, que devem ser observados e analisados a fim de produzir um mural sobre o mar.

FASE INICIAL
Estabelecimento dos objetivos
O professor proporá que os alunos descubram o mar e todos os elementos que o compõem. Da mesma forma, compartilhará com eles toda a aprendizagem que terão a oportunidade de realizar em diferentes disciplinas e os critérios de avaliação.
Apresentação motivadora da situação em sua complexidade
Diferentes materiais relacionados ao mar serão fornecidos: fotografias, aquarelas, latas de sardinha, redes de pesca, âncoras, roupas de mergulho, barbatanas, estrelas-do-mar, conchas...
Revisão dos conhecimentos prévios
Os alunos farão uma revisão do que já sabem sobre o mar e seus usos.
Identificação e explicitação dos diferentes problemas ou questões levantadas em função da situação
Existem muitos outros aspectos do mar que são desconhecidos. Com a ajuda do professor, os alunos explicitarão aquelas perguntas que estão interessados em investigar: como é? Quanto mede? Qual é a temperatura? O que pode ser feito no mar? Quem mora nele?

Delimitação do objeto de estudo (e concretização do produto final, quando apropriado)
O objeto de estudo será centrado nas espécies que vivem no mar e nas atividades que podem ser realizadas nele. Será produzido um mural, dividido em fundo do mar, água e superfície, para situar as diferentes descobertas.
Elaboração de hipóteses ou suposições
Antes de prosseguir com as atividades que permitem responder às questões levantadas, os alunos discutirão o que pensam sobre cada uma das questões propostas, colocando suas suposições no mural.
FASE DE DESENVOLVIMENTO
Definição das estratégias de pesquisa, comparação ou aplicação para comprovar as hipóteses anteriores
O professor apresentará às crianças os diferentes elementos que configuram o centro de interesse a partir de fotografias, desenhos, materiais, etc. Os alunos devem observar, manipular, medir e classificar os diferentes elementos, pensando em quais estão no mar e qual a sua função.
Realização da pesquisa, da comparação ou da aplicação
Nesse ponto, será realizada a associação dos elementos observados, para que os alunos possam agrupá-los de acordo com o espaço em que se encontram, com a função e com o seu interesse.
Seleção de dados relevantes em relação à situação-problema inicial e comprovação das hipóteses iniciais
Quando os diferentes elementos estiverem organizados, os alunos estarão prontos para identificar quais estão no fundo do mar, quais estão na superfície e quais estão no espaço intermediário.
Comunicação do processo seguido e das informações obtidas
Os alunos farão um mural dividido em três partes e desenharão os diferentes elementos selecionados.
Descontextualização e teorização sobre as aprendizagens realizadas
Os alunos discutirão os elementos que foram analisados e revisarão a importância do mar na vida do ser humano.

Métodos para ensinar competências **79**

FASE DE SÍNTESE
Integração e visão global ampliada
Os alunos discutirão os conceitos trabalhados e se pensam em novas atividades que gostariam de realizar no mar. Eles terão sido capazes de observar diferentes espécies de animais e plantas, bem como diferentes profissões que intervêm no mar. Porém, há outras espécies que também estão ligadas ao mar, como aves e mais espécies encontradas em outras áreas, como os rios. Também refletirão sobre as profissões ligadas ao mar.
Metacognição sobre o processo e o resultado: autoavaliação
Os alunos refletirão sobre o processo seguido e sobre tudo o que aprenderam, tanto os aspectos conceituais quanto os procedimentais (medir, desenhar, manipular latas, copiar, etc.).
Estratégias de memorização
O professor estabelecerá vínculos entre as atividades realizadas e as novas atividades efetuadas posteriormente, nas quais as competências aprendidas serão usadas novamente.

O BAIRRO NÍVEL DE ENSINO: Anos finais do ensino fundamental ÁREAS: Ciências sociais, matemática, linguagens e educação artística
Competência-alvo: analisar o bairro e os elementos que o compõem, para descobrir todos os serviços que oferece e os principais pontos de interesse. **Metodologia:** a partir de diferentes materiais sobre o bairro (cartazes, revistas, fotografias, desenhos, etc.), os alunos são convidados a criar um mapa onde devem localizar os serviços mais importantes e os quatro lugares de que mais gostam.
FASE INICIAL
Estabelecimento dos objetivos
O professor irá propor aos alunos que conheçam melhor o bairro onde moram. Da mesma forma, compartilhará com eles toda a aprendizagem que terão a oportunidade de realizar em diferentes disciplinas e os critérios de avaliação.

Apresentação motivadora da situação em sua complexidade
O professor mostrará aos alunos algumas imagens de elementos pouco conhecidos do bairro.
Revisão dos conhecimentos prévios
As crianças, em grupos, apresentarão seus conhecimentos sobre o bairro. Identificação e explicitação dos diferentes problemas ou questões levantadas em função da situação. A revisão de seus conhecimentos e a comparação entre eles, com a ajuda do professor, fará os alunos perceberem que existem outros aspectos que não conhecem. Também verão os serviços que o bairro oferece. Os alunos farão uma lista de tudo o que estão interessados em conhecer.
Identificação e explicitação dos diferentes problemas ou questões levantadas em função da situação
Para focar o trabalho que precisa ser feito, os alunos irão delimitar o espaço geográfico de observação e os aspectos a serem procurados: os serviços mais importantes oferecidos no bairro e os lugares que consideram mais interessantes.
FASE DE DESENVOLVIMENTO
Elaboração de hipóteses ou suposições
Antes de se engajarem no trabalho de observação e busca de informações, em grupos, os alunos expressarão suas ideias sobre quais necessidades podem ser atendidas pelos serviços do bairro e quais podem ser os lugares mais interessantes.
Definição das estratégias de pesquisa, comparação ou aplicação para comprovar as hipóteses anteriores
Dependendo das necessidades a serem atendidas, será estabelecido o procedimento para a observação dos diferentes serviços oferecidos no bairro.
Realização da pesquisa, da comparação ou da aplicação
A partir de questionários, serão criados diferentes itinerários pelo bairro, identificando os diferentes serviços. Os alunos revisarão os elementos observados e os associarão de acordo com sua função, localização e atratividade.

Métodos para ensinar competências **81**

Seleção de dados relevantes em relação à situação-problema inicial e comprovação das hipóteses iniciais
A partir da observação feita, os alunos classificarão os elementos do bairro em categorias: serviços, monumentos, lojas, espaços de lazer, etc.
Comunicação do processo seguido e das informações obtidas
Para visualizar os resultados e torná-los concretos, os alunos, organizados em grupos, farão um mapa, localizando os principais serviços e os quatro espaços que mais os atraíram. Eles apresentarão seu trabalho para o grupo-turma.
Descontextualização e teorização sobre as aprendizagens realizadas
Os alunos revisarão os diferentes espaços escolhidos e os relacionarão entre si, refletindo sobre as necessidades das pessoas que vivem no bairro e como elas são atendidas.
FASE DE SÍNTESE
Integração e visão global ampliada
Após a exposição, o professor resumirá o processo seguido, os principais espaços que compõem o bairro, sejam eles públicos ou privados, se são espaços voltados para as crianças, para a saúde, etc. Os alunos realizarão um debate sobre os elementos do bairro e se acham que poderia ser melhorado com outros recursos.
Metacognição sobre o processo e o resultado: autoavaliação
Os alunos refletirão sobre o processo seguido e sobre tudo o que aprenderam, tanto os aspectos conceituais quanto os procedimentais (orientar-se, localizar-se e fazer o modelo gráfico do mapa, calcular distâncias, localizar informações, etc.).
Estratégias de memorização
O professor estabelecerá vínculos entre as atividades realizadas e as novas atividades que serão efetuadas mais tarde, nas quais as competências aprendidas voltem a ser utilizadas.

OS MINERAIS
NÍVEL DE ENSINO: Ensino médio
ÁREAS: Biologia, geografia, matemática, linguagens e educação artística

Competência-alvo: identificar e analisar os diferentes tipos de minerais encontrados na cidade ou nas proximidades, para avaliar suas propriedades e usos para artes decorativas, arquitetura, móveis, utensílios domésticos, joias, etc.

Metodologia: propõe-se um centro de interesse, a partir de diferentes minerais, mapas, artigos, fita métrica, balança, microscópio, etc., para observar, analisar e expressar as conclusões sobre os minerais e sua exploração.

FASE INICIAL

Estabelecimento dos objetivos

O professor perguntará aos alunos se eles sabem o que têm em comum um colar de ametista, um quadro escolar e a coluna de uma igreja.
Da mesma forma, compartilhará com eles toda a aprendizagem que terão a oportunidade de realizar em diferentes disciplinas e os critérios de avaliação.

Apresentação motivadora da situação em sua complexidade

Os alunos verão diferentes fotografias de artigos feitos com minerais. A partir dessa observação, o professor indicará que todos são construídos com minerais.

Revisão dos conhecimentos prévios

O professor perguntará aos alunos se eles sabem o que é um mineral.
É uma rocha? É uma pedra preciosa? Onde se encontram? São seres vivos?

Identificação e explicitação dos diferentes problemas ou questões levantadas em função da situação

A partir do debate anterior, o professor mostrará aos alunos as características dos minerais e comentará sobre a grande variedade existente desses elementos químicos gerados por fenômenos geológicos. Então, solicitará que identifiquem que tipos de minerais existem e para que são usados.

Delimitação do objeto de estudo (e concretização do produto final, quando apropriado)

Busca-se desenvolver um catálogo de materiais pertencentes à área geográfica, identificando sua origem e suas características químicas e morfológicas.

Métodos para ensinar competências **83**

FASE DE DESENVOLVIMENTO
Elaboração de hipóteses ou suposições
O professor apresentará aos alunos os diferentes elementos que configuram o centro de interesse a partir de diferentes minerais, microscópio, artigos, revistas, etc.
Definição das estratégias de pesquisa, comparação ou aplicação para comprovar as hipóteses anteriores
Os alunos observarão e manipularão o material fornecido. Os alunos alternarão de uma seção para outra, de acordo com a distribuição combinada.
Realização da pesquisa, da comparação ou da aplicação
Os alunos reverão os elementos observados para associá-los de acordo com suas propriedades, localização e utilidade.
Seleção de dados relevantes em relação à situação-problema inicial e comprovação das hipóteses iniciais
Feita a pesquisa, os alunos selecionarão os dados principais e decidirão quais incluirão no seu catálogo.
Comunicação do processo seguido e das informações obtidas
Os alunos decidirão a estrutura, o roteiro e a estética do catálogo e o elaborarão.
Descontextualização e teorização sobre as aprendizagens realizadas
Depois de concluírem o catálogo, os alunos o compartilharão.
FASE DE SÍNTESE
Integração e visão global ampliada
Depois de preparar o resumo, o professor analisará as principais características e propriedades dos minerais trabalhados, bem como o papel da mineração na economia. Os alunos farão uma proposta para o uso de minerais.
Metacognição sobre o processo e o resultado: autoavaliação
Os alunos refletirão sobre o processo seguido e sobre tudo o que aprenderam, tanto os aspectos conceituais quanto os aspectos procedimentais (medir, utilizar o microscópio, catalogar, etc.).

Estratégias de memorização
O professor fará ligações entre as atividades efetuadas e as novas atividades que realizarão mais tarde, quando as competências aprendidas serão novamente utilizadas.

6

MÉTODO DE PESQUISA
DO MEIO

Origem

Vários pedagogos propuseram que a pesquisa poderia ser um bom método de aprendizagem, já que ela é o caminho usado para chegar ao conhecimento. Assim, Célestin Freinet (1896-1966) estrutura, a partir de 1924, sua teoria pedagógica baseada no princípio do *tâtonnement*, a experimentação por meio de tentativas e erros que a criança realiza constantemente. Herdeiro dessa tradição, o Movimento di Cooperazione Educativa (MCE) da Itália busca organizar e sistematizar a experimentação, bem como elucidar os fundamentos psicopedagógicos da pesquisa da criança como um processo natural de aprendizagem. Dessa maneira, tenta transformar a escola em uma instituição na qual o aluno coloca toda a sua bagagem cultural ao alcance dos outros para conseguir, entre todos, conhecer o mundo cientificamente. Baseia-se na ideia de que os alunos conhecem e contribuem para a escola com uma grande quantidade de conhecimento aprendida naturalmente, a partir de sua própria experimentação.

Sempre haverá a experimentação da criança quando "[...] ela encontra um problema que precisa ser solucionado, e o método de pesquisa exigirá que ele seja resolvido usando o conhecimento anterior de uma maneira nova e criativa" (TONUCCI, 1979).

Para o MCE, pesquisar na escola significa escolher, ordenar, relacionar os elementos descobertos e analisar os problemas precedentes. A pesquisa será o processo natural de aprendizagem, contanto que tenha relação com o ambiente ou o interesse da criança – um ambiente que lhe seja familiar e a partir do qual ela possa desfrutar de uma experiência imediata.

A partir desse contato com o meio, de seu interesse, surgirá a motivação para o estudo dos diferentes problemas que aparecem na realidade que a rodeia. Resolver esses problemas envolverá criar hipóteses de trabalho, que devem ser verificadas mediante a comparação com os dados e as informações previamente coletados. Tudo isso permitirá resolver total ou parcialmente o problema que surgiu e pode ser o ponto de partida para o levantamento de novas questões. Mas, além disso, o conhecimento obtido será importante o suficiente para que as conclusões sejam comunicadas a outras pessoas, dentro e fora da escola, usando diferentes meios de comunicação (murais, montagens, diários, dossiês, reportagens, etc.).

De acordo com essa metodologia, tomar uma posição diante de um problema implica uma ação sobre o problema, uma comunicação dos resultados obtidos e uma ação consequente. Para o MCE, a pesquisa sempre envolve uma ação que leva à mudança do meio, diferente do *ativismo ingênuo,* que imita a realidade sem a intenção de modificá-la.

Portanto, o problema de usar o esquema da pesquisa não se deve a uma coerência com os processos de aprendizagem, mas o aspecto essencial é o de que a aprendizagem científica da realidade sempre começa a partir da experiência. Essa experiência irá desenvolver na criança "[...] um espírito científico que tem sido definido como um hábito geral de considerar todos os aspectos da realidade física, natural, econômica e social, de acordo com o método de exame dos fatos, da verificação experimental, da razão crítica" (CIARI, 1980).

Para o MCE, esse *espírito científico* é essencial no desenvolvimento do *hábito democrático*. Em uma sociedade democrática, o espírito científico formará cidadãos com capacidade de observar, avaliar, escolher e criticar, pois esse espírito significa a capacidade e a aptidão de observar as coisas, mas, acima de tudo, de interpretar suas relações.

> A capacidade de levantar uma hipótese, de programar uma experiência, de tirar conclusões ensina a criança a pensar, a raciocinar, a verificar se uma coisa é verdadeira ou falsa; ensina a distinguir, a escolher; sem isso, não há hábito democrático. Uma mente passiva, inerte e conformista não pode constituir uma personalidade democrática. (CIARI, 1980).

Métodos para ensinar competências **87**

Descrição da sequência de ensino-aprendizagem

A tentativa de sistematizar o processo de aplicação de uma metodologia inspirada em uma das formas mais comuns do método científico resultou, em 1970, na definição do método de *pesquisa do meio* em uma série de etapas ou fases.

Fases da sequência de ensino-aprendizagem

1. Motivação

Nessa fase inicial, pretende-se colocar os alunos diante de situações próximas à sua experiência de vida, que os provoquem e estimulem, que promovam interesse e motivação para as questões levantadas pela situação. Um debate na turma permitirá definir os aspectos do tópico que deve ser objeto de estudo.

2. Explicitação das questões ou dos problemas

Durante o debate, serão apresentadas diversas opiniões e, sobretudo, várias perguntas e problemas a serem resolvidos. Em pequenos grupos ou de forma coletiva, de acordo com a idade dos alunos, as questões ou os problemas que são objeto da pesquisa serão especificados e classificados.

3. Respostas intuitivas ou hipóteses

Para muitas das perguntas feitas, os alunos já têm suposições ou respostas mais ou menos intuitivas como resultado de informações ou experiências anteriores. Mas, em geral, trata-se de um conhecimento confuso, se não errado. Nessa fase, a ideia é a de que, enquanto as suas concepções prévias vêm à tona, os alunos possam prever as formas, os meios ou os instrumentos que terão de usar.

4. Determinação dos instrumentos para a busca de informação

Dependendo do conteúdo do tópico, do tipo de perguntas, da idade ou da disponibilidade e da disposição da escola, esses instrumentos estarão relacionados à experiência direta (visitas, entrevistas, experimentos, etc.), a fontes de informações indiretas (artigos, livros, dados estatísticos, jornais, etc.) ou mesmo às informações fornecidas pelos professores.

5. Planejamento das fontes de informação e da pesquisa

Para formular conclusões realmente válidas, será necessário utilizar os meios apropriados de maneira rigorosa. Por essa razão, nessa fase, as atividades de busca de informações e os diferentes instrumentos empregados (questionários, padrões de observação, experimentos de campo ou de laboratório, etc.) devem ser definidos com clareza, com um planejamento previamente trabalhado e ajustado.

6. Coleta de dados

Nessa fase, os alunos, usando diferentes meios e fontes de informação, reunirão todos os dados úteis para responder às perguntas e questões levantadas.

7. Seleção e classificação dos dados

As informações obtidas serão múltiplas e diversificadas. Em alguns casos, excessivas; em outros, contraditórias. Será necessário realizar uma seleção dos dados mais relevantes para responder às questões levantadas. Uma vez que esses dados tenham sido selecionados e classificados, os alunos já se encontram em posição de tirar conclusões.

8. Conclusões

Com os dados obtidos, os alunos podem confirmar ou não a validade dos pressupostos e suas ideias prévias e ampliar seu campo de conhecimento. Também serão capazes de generalizar o que foi um estudo restrito a um campo específico e a um problema pontual.

9. Generalização

Nessa fase, haverá um trabalho de descontextualização e aplicação das conclusões a outras situações, para que elas não se tornem aprendizagens anedóticas.

10. Expressão e comunicação

O que foi descoberto não deve ser patrimônio exclusivo do grupo; é importante o suficiente para ser conhecido por outras pessoas. Por meio de diferentes técnicas expressivas e de comunicação, os resultados da pesquisa serão apresentados aos colegas da turma e da escola e, até mesmo, à comunidade. Os resultados da pesquisa também serão incluídos nos cadernos ou dossiês individuais que, além de serem um registro do trabalho realizado, serão o suporte básico do estudo e o meio para sistematizar a memorização.

Fundamentação teórica

O método de pesquisa do meio, segundo o MCE, tem como objetivo primordial ensinar a formular *projetos* de experiências e sistematizá-los, discutir, estabelecer relações, realizar experimentos, tirar conclusões, etc., como forma de contribuir para a formação de uma cidadania crítica, responsável e com ferramentas para intervir na realidade que a rodeia. Do mesmo modo, estabelece a ação educativa como um meio para a formação de uma cidadania democrática e com *espírito científico*. Assim, entre os diferentes âmbitos de desenvolvimento de competências, o social é aquele que articula boa parte de sua fundamentação, porém sem negligenciar os outros.

Função social: objetivos de aprendizagem

Âmbito pessoal

A compreensão da atividade científica e a formação de uma mentalidade crítica e investigativa são os objetivos fundamentais do método. Assim, as competências para aprender a aprender e a de autonomia e iniciativa pessoal, bem como a formação para uma cidadania reflexiva e comprometida, são o principal fio condutor das atividades realizadas.

Compreender o meio e adquirir uma capacidade crítica diante de suas manifestações significa saber observá-lo, diferenciar e classificar os elementos que o compõem e as relações existentes e, de maneira autônoma, estabelecer valiosas conclusões sobre as ações e os possíveis efeitos que nele ocorrem.

Os componentes procedimentais das competências estão presentes em todas as fases e etapas, concedendo especial importância não apenas àqueles relacionados à busca de informações, mas também aos mais complexos de caráter estratégico-cognitivo.

Âmbito interpessoal

O método de pesquisa do meio é concebido a partir de uma visão claramente colaborativa, mediante uma organização complexa da sala de aula, onde convivem constantemente o trabalho em equipes fixas e o trabalho em equipes flexíveis, às vezes homogêneas, às vezes heterogêneas, com uma clara função de desenvolvimento das competências baseadas na cooperação, na solidariedade e na tolerância. Mesmo quando o trabalho é individual, a pesquisa parte de um confronto de ideias e de um debate coletivos. A identificação das questões a serem resolvidas, a definição das hipóteses a serem levantadas, a determinação das fontes de informação mais adequadas e o próprio trabalho de campo são processos em que a troca de opiniões, o diálogo e o contraste geram estratégias de pensamento e, especialmente, todas as atitudes relacionadas à interação e à ajuda em que a colaboração é a peça-chave.

Esse trabalho colaborativo, que permite descobrir e produzir coletivamente novos conhecimentos, também se torna uma fonte de desenvolvimento das competências ligadas às relações interpessoais, ajudando a superar possíveis diferenças por meio do diálogo e da cooperação entre iguais.

Âmbito social

Os conteúdos conceituais, ligados a problemas e conflitos da vida real, são instrumentos básicos para entender essa realidade social. Também os conteúdos atitudinais são os elementos orientadores e estruturadores de toda a metodologia. O papel da cidadania comprometida, embora seja capaz de questionar e fundamentar suas opiniões, não apenas intuitivamente, mas com argumentos contrastados por diferentes fontes de informação, é fundamental na definição das razões que justificam o método.

O objeto de estudo do método é o meio, não apenas aquele próximo aos alunos, mas sobretudo aquele que permite conhecê-lo a fundo e a partir dele extrair considerações gerais. A incidência e a integração dos alunos no meio são os objetivos prioritários do método. A educação é concebida como um treinamento para a ação no meio, uma ação que deve ser refletida em um aumento da sua compreensão, uma visão crítica, uma identificação progressiva com o meio e uma atitude participativa que leve o aluno a melhorá-lo.

Âmbito profissional

O interesse do método como meio para fomentar uma ação comprometida na sociedade torna as habilidades que ajuda a desenvolver especialmente proveitosas para o desenvolvimento de competências profissionais, e não apenas aquelas de natureza mais científica, dado seu caráter geral; entre elas, estão curiosidade, criatividade, autoconfiança, pensamento crítico, atividade de pesquisa, abertura aos outros e conscientização e responsabilidade na intervenção no meio social e natural.

Métodos para ensinar competências **91**

Concepção da aprendizagem: princípios psicopedagógicos

Pelo fato de ser uma proposta metodológica nascida e desenvolvida nos anos 1970, ela integra em sua fundamentação psicopedagógica o conhecimento existente na época e claramente vigente na maioria de seus argumentos.

O meio sendo o objeto de estudo garante, em grande medida, o estabelecimento de uma atitude favorável à aprendizagem, facilitando o interesse intelectual e a afetividade dos alunos. Quando o processo de aproximação com o conhecimento do meio é feito seguindo o esquema do método de pesquisa, atende-se a maioria dos requisitos para a construção do conhecimento.

O processo sistemático de identificação dos problemas e das questões de uma situação real, de elaboração de hipóteses e o trabalho posterior de comprovação ou refutação por meio do trabalho de campo baseia-se na ideia de que o conhecimento científico não pode ser entendido como isolado dos métodos e das técnicas que permitiram estabelecê-lo e do contexto em que foi produzido.

A formulação de hipóteses é um dos elementos que facilitam a construção de novas ideias e conceitos interpretativos, pois força a coerência entre o que os alunos pensam (ideias prévias) e as diferentes evidências contrastadas, permitindo assim uma melhor adequação ao seu nível intelectual. Essa adaptação intelectual deve-se ao fato de que a subsequente reformulação das possíveis explicações intuitivas ou errôneas é fundamental para o amadurecimento das estruturas intelectuais e para a formação de conceitos.

No método, as atividades são organizadas em torno de vivências ou elementos concretos, que partem da interação do aluno com o meio ou a favorecem. Nessa interação, surgem os problemas que podem ser investigados por ele, mobilizando seus próprios modos de pensar, para que possa se apropriar de um objeto de conhecimento; isto é, que possa construir um quadro de assimilação da parcela da realidade à qual o objeto de conhecimento se refere. Conforme a base conceitual se amplia, torna-se mais fácil acessar novos conhecimentos por meio de informações diretas, à medida que aumenta o número de possíveis conexões cognitivas. Dar esse passo, intimamente relacionado ao desenvolvimento de estruturas intelectuais, é um grande esforço e requer aprendizagem progressiva em que o apoio contingente dos professores e a ação colaborativa dos alunos tornam-se peças-chave para a aprendizagem.

Análise e atualização

No Quadro 6.1, podemos comparar as fases do método de pesquisa do meio e as fases descritas para o ensino de competências. Além disso, na última coluna, é feita uma proposta de atualização, à luz do conhecimento que temos hoje sobre os processos de aprendizagem.

A análise do esquema descrito no método mostra que a maioria das fases já é utilizada em seu desenvolvimento em muitas salas de aula.

QUADRO 6.1. Fases do método de pesquisa do meio para o ensino das competências: comparação e proposta de atualização

Fases para o ensino das competências	Fases do método de pesquisa do meio	Atualização
1. Estabelecimento dos objetivos. 2. Apresentação motivadora da situação em sua complexidade. 3. Revisão dos conhecimentos prévios.	1. Motivação.	O grau de participação dos alunos no debate sobre o aspecto do meio que se pretende abordar pode dar origem a evidências sobre o conhecimento prévio de cada aluno. Não é realizado nenhum processo para compartilhar os objetivos de aprendizagem, embora possa ser tomado como garantido se o método for rotineiramente utilizado.
4. Identificação e explicitação dos diferentes problemas ou questões levantadas em função da situação. 5. Delimitação do objeto de estudo (e concretização do produto final, quando apropriado).	2. Explicitação das questões ou dos problemas.	A descrição esquemática dessa fase não inclui todas as fases de referência; entretanto, como o método segue as fases da pesquisa científica, pode-se supor que ele as inclui.

(Continua)

Métodos para ensinar competências **93**

(Continuação)

Fases para o ensino das competências	Fases do método de pesquisa do meio	Atualização
6. Elaboração de hipóteses ou suposições.	3. Respostas intuitivas ou hipóteses.	
7. Definição das estratégias de pesquisa, comparação ou aplicação para comprovar as hipóteses anteriores.	4. Determinação dos instrumentos para a pesquisa de informação. 5. Planejamento das fontes de informação e da pesquisa.	
8. Realização da pesquisa, da comparação ou da aplicação.	6. Coleta de dados.	
9. Seleção de dados relevantes em relação à situação-problema inicial e comprovação das hipóteses iniciais.	7. Seleção e classificação dos dados.	
10. Comunicação do processo seguido e das informações obtidas. 11. Integração e visão global ampliada. 12. Descontextualização e teorização sobre as aprendizagens realizadas. 13. Metacognição sobre o processo e o resultado: autoavaliação. 14. Estratégias de memorização e exercitação.	8. Conclusões. 9. Generalização. 10. Expressão e comunicação.	No processo, devem ser incluídas atividades de reflexão sobre as aprendizagens realizadas e o processo seguido. Os conteúdos conceituais e procedimentais que foram tratados ou usados podem permanecer anedóticos se nenhuma atividade de aplicação for feita em outras situações. É preciso incluir atividades que ajudem na memorização.

Pesquisa do meio: exemplos

QUANTO PAPEL GASTAMOS?
NÍVEL DE ENSINO: Anos finais do ensino fundamental
ÁREAS: Biologia, ciências sociais, linguagens e educação artística

Competência-alvo: identificar os benefícios ambientais da reciclagem de papel na escola, por meio da pesquisa de seu processo de produção, para conscientizar toda a instituição sobre a importância de um consumo responsável.

Metodologia: a descoberta será feita a partir da pesquisa sobre o processo de reciclagem de papel.

FASE INICIAL

Estabelecimento dos objetivos

O ponto de partida é o seguinte: a prefeitura fez uma campanha que exige que o papel seja coletado e depositado em diferentes contêineres. A partir dessa informação, o professor compartilhará com os alunos toda a aprendizagem que eles terão a oportunidade de realizar em diferentes disciplinas e os critérios de avaliação.

Apresentação motivadora da situação em sua complexidade

O professor irá propor aos alunos que colaborem com a escola e, assim, ajudem, juntos, a cuidar do meio ambiente. Sua tarefa será importante para convencer o restante da escola a participar.

Revisão dos conhecimentos prévios

A partir daqui, várias perguntas surgirão: por que devemos aproveitar o papel? Do que ele é feito? Como é produzido? Quais são os produtos necessários para fabricá-lo? Qual é quantidade necessária desses produtos para obter um quilo de papel? Que tipos de papéis existem? Quantas árvores são necessárias para fazer um livro?

Identificação e explicitação dos diferentes problemas ou questões levantadas em função da situação

Entre todas as questões levantadas, vamos nos concentrar na quantidade de papel que consumimos (como grupo-turma) e como a sua produção afeta o meio ambiente.

Métodos para ensinar competências **95**

Delimitação do objeto de estudo (e concretização do produto final, quando apropriado)
O professor proporá uma pesquisa sobre a quantidade de papel que usamos em casa e nas aulas durante um mês.

FASE DE DESENVOLVIMENTO
Elaboração de hipóteses ou suposições
O professor proporá aos alunos que concentrem a pesquisa na anotação da quantidade de papel que utilizam e no estabelecimento da equivalência no impacto que esse consumo tem sobre o meio ambiente. E, depois de ter a quantidade, fará as seguintes perguntas: quantas árvores são necessárias para fazer um livro com papel normal e para fazer um livro com papel reciclado? Que tipo de árvores são usadas para fazer papel? Como se transforma uma árvore em uma caixa de papel? Como é o processo de reciclagem do papel? Os alunos irão elaborar diferentes hipóteses: é possível fazer papel com qualquer árvore? As árvores são cortadas e colocadas em uma máquina especial que as tritura? Como se consegue a textura do papel? Com o que é misturado? Onde é secado? Como é cortado? É possível reciclar tudo? Quantas vezes o papel pode ser reciclado?
Definição das estratégias de pesquisa, comparação ou aplicação para comprovar as hipóteses anteriores
Para fazer a pesquisa, serão analisadas diferentes fontes de informação disponíveis. O museu do papel será visitado, onde todas as questões podem ser resolvidas, especialmente aquelas que se referem ao processo de produção do papel.
Realização da pesquisa, da comparação ou da aplicação
Durante a visita ao museu, os alunos descobrirão que o papel é feito da polpa da celulose diluída em água e outras substâncias químicas, como o polietileno; também verão a cadeia completa do processo de produção, como o papel é reciclado, quantas vezes ele pode ser reciclado, etc.

Seleção de dados relevantes em relação à situação-problema inicial e comprovação das hipóteses iniciais
Após a visita e a coleta de informações, os alunos se concentrarão no processo de produção do papel reciclado. Agora eles estão mais conscientes de que, para produzir papel reciclado, materiais como papel e papelão são usados, mas que, em cada ciclo, entre 15 e 20% das fibras são perdidas, de modo que a reciclagem é limitada. O papel e o papelão usados são misturados com água, produtos químicos e madeira (novas árvores), e energia também é usada para sua produção. Por fim, serão elaboradas algumas conclusões e medidas que podemos tomar para reciclar em casa e na escola, uma vez que comprovaram que o seu consumo de papel tem um impacto importante no meio ambiente.
Comunicação do processo seguido e das informações obtidas
Após a pesquisa, os alunos perceberão que precisam comunicar o que descobriram, de modo que, na escola, se faça um uso mais responsável do papel. Na área de educação artística, os alunos farão um mural que será exibido na recepção da escola. Nele, serão apresentadas as razões pelas quais devemos reciclar papel na escola e dicas para fazê-lo. Um folheto informativo será entregue às famílias com medidas para economizar e reaproveitar papel.
Descontextualização e teorização sobre as aprendizagens realizadas
A finalidade de toda a sequência de ensino-aprendizagem é o compromisso com o meio ambiente e a reciclagem. Os alunos refletirão sobre como as matérias-primas são transformadas para desenvolver materiais de consumo, sobre o funcionamento das fábricas, sobre as usinas de reciclagem, etc.
FASE DE SÍNTESE
Integração e visão global ampliada
O conhecimento adquirido durante a visita ajudou os alunos a ficarem mais conscientes acerca da importância da reciclagem e do gerenciamento de resíduos. Além disso, agora que viram como o papel é reciclado, analisarão quais outros materiais e produtos podem reciclar (plástico, latas, vidro, roupas, etc.). A exposição do mural e as explicações que eles fazem nas diferentes salas de aula irão ajudá-los a sintetizar e comunicar as principais ideias da pesquisa.

Metacognição sobre o processo e o resultado: autoavaliação

Os alunos revisarão o processo seguido e como algumas hipóteses foram desenvolvidas no início e como foram comprovadas por meio de fontes diretas. Também refletirão sobre como reuniram em um mural as principais ideias para reciclagem, como aprenderam e como deixaram claras suas ideias prévias.

Estratégias de memorização

Após a síntese, os professores estabelecerão relações entre o trabalho realizado e a avaliação do meio ambiente, ao falar sobre os diferentes setores produtivos, o consumo responsável, a economia de recursos e fontes de energia, etc.

ECONOMIA DE ENERGIA
NÍVEL DE ENSINO: Anos finais do ensino fundamental
ÁREAS: Biologia, linguagens, matemática e tecnologia

Competência-alvo: analisar o uso que fazemos da eletricidade na escola, com base no estudo dos gastos de eletricidade da instituição, com o objetivo de desenvolver um decálogo com recomendações para economizar energia.

Metodologia: será realizada uma pesquisa sobre o uso que fazemos da eletricidade na escola, a partir de diferentes fontes e métodos de coleta de informações.

FASE INICIAL

Estabelecimento dos objetivos

O professor perguntará aos alunos se eles saberiam dar sugestões para suas famílias sobre como economizar energia. Do mesmo modo, compartilhará com eles toda a aprendizagem que terão a oportunidade de realizar em diferentes disciplinas e os critérios de avaliação.

Apresentação motivadora da situação em sua complexidade

O professor realizará um exercício com um limão, uma placa de zinco, uma placa de cobre e uma bateria. Com essa prática, mostrará como uma pequena lâmpada se acende e em que consiste a eletricidade. Os alunos verão que, para gerar eletricidade, é necessário um gerador que transforma fontes de energia primárias em energia elétrica.

Revisão dos conhecimentos prévios
O professor perguntará aos alunos se eles sabem o que é eletricidade, como ela é gerada, se é importante em nossas vidas, quais fontes de energia primárias usamos para criá-la.
Identificação e explicitação dos diferentes problemas ou questões levantadas em função da situação
Os alunos analisarão quais fontes de energia usamos para gerar energia. Assim, poderão ver que existem fontes de energia limpa (renováveis) e fontes de energia suja e que afetam o aquecimento global (combustão fóssil). Como a energia chega à escola e como a usamos?
Delimitação do objeto de estudo (e concretização do produto final, quando apropriado)
A partir desse momento, o professor proporá uma pesquisa sobre como a energia chega à escola e qual seu uso. Com os dados coletados, será desenvolvido um decálogo para publicar na intranet da escola a fim de que os colegas, os funcionários da escola e as famílias tenham ideias sobre como economizar energia.
FASE DE DESENVOLVIMENTO
Elaboração de hipóteses ou suposições
O professor perguntará aos alunos, organizados em grupos de 3 ou 4, onde eles poderão procurar as informações de que precisam: no livro didático? Na biblioteca? Em revistas especializadas? Perguntando aos parentes? Na internet?   Os alunos farão uma pesquisa na internet para descobrir qual é o processo que possibilita que eles tenham eletricidade na escola e, por meio de fontes diretas, estudarão como a utilizam.   A hipótese é a de que os hábitos de consumo podem ser melhorados para economizar energia.
Definição das estratégias de pesquisa, comparação ou aplicação para comprovar as hipóteses anteriores
Na internet, os alunos buscarão como funciona a sua distribuidora (como são as usinas elétricas e o que é o sistema de distribuição elétrica). Além disso, revisarão as contas de energia do ano anterior, analisarão a evolução dos gastos com energia elétrica e detectarão os aparelhos eletrônicos e pontos com maior consumo a partir da observação e da realização de um questionário que será repassado a todos os funcionários da escola.

Métodos para ensinar competências **99**

Realização da pesquisa, da comparação ou da aplicação
Os alunos farão a pesquisa e coletarão as informações por meio da internet, da observação, das contas de energia e dos questionários.
Seleção de dados relevantes em relação à situação-problema inicial e comprovação das hipóteses iniciais
Os alunos revisarão as informações coletadas e, com o que descobriram, identificarão quais fontes de energia são usadas para gerar a eletricidade que chega à escola (a partir do estudo na internet). Também identificarão quais pontos ou hábitos de consumo podem ser melhorados na escola.
Comunicação do processo seguido e das informações obtidas
Após a pesquisa, os alunos desenvolverão um decálogo com hábitos ou conselhos que podem ajudar a economizar energia na escola. Esse decálogo será publicado na intranet da escola para que fique acessível a toda a comunidade (alunos, pais e funcionários).
Descontextualização e teorização sobre as aprendizagens realizadas
Após a elaboração do decálogo, os alunos farão um teste escrito em que revisarão as pesquisas realizadas, as formas de geração de eletricidade e os tipos de fontes de energia.
FASE DE SÍNTESE
Integração e visão global ampliada
O professor resumirá os conceitos que foram trabalhados e revisará os pontos fortes e fracos das diferentes fontes de energia (eólica, hídrica, nuclear, mecânica, etc.). Os alunos discutirão a importância da eletricidade em nossas vidas e o sistema para gerá-la.
Metacognição sobre o processo e o resultado: autoavaliação
Os alunos revisarão o processo seguido, como acessaram a informação, se foi difícil encontrar alguma informação, se tiveram dificuldade de entender o processo de geração de energia, se foi complicado entrar em um acordo para elaborar o decálogo, etc.
Estratégias de memorização
Os professores continuarão se referindo aos conceitos trabalhados nos próximos assuntos relacionados a energia, poluição e consumo.

100 Zabala & Arnau

SOMOS TÃO DIFERENTES? **NÍVEL DE ENSINO: Ensino médio** **ÁREAS: Química, biologia, ética e linguagens**
Competência-alvo: observar e analisar nosso código genético, a partir da comparação com o DNA dos colegas, para descobrir o que nos diferencia uns dos outros. **Metodologia:** propõe-se uma pesquisa em que os alunos realizam um experimento no laboratório para observar seu DNA e compará-lo com o de seus colegas.
FASE INICIAL
Estabelecimento dos objetivos
É fácil encontrar opiniões e até textos nos quais as pessoas são avaliadas e caracterizadas de acordo com sua etnia ou raça. O professor mostrará aos alunos uma revista que fala sobre essas diferenças e perguntará se poderiam explicar o que diferencia as pessoas ao redor do mundo. O professor também compartilhará com os alunos toda a aprendizagem que eles terão a oportunidade de realizar em diferentes disciplinas e os critérios de avaliação.
Apresentação motivadora da situação em sua complexidade
No bairro e na própria escola, em alguns momentos aparecem expressões e opiniões qualificando um grupo social ou étnico com atributos comuns. Até que ponto essas declarações estão corretas? Os costumes e as diferenças aparentes são o resultado de hereditariedade ou das experiências vividas?
Revisão dos conhecimentos prévios
O que pensamos das características e do comportamento de europeus, sul-americanos, marroquinos, judeus, etc.? O que eles têm em comum? O que os torna diferentes? Isso é algo herdado? É algo cultural ou ambiental? Que meios temos para poder descobrir isso?
Identificação e explicitação dos diferentes problemas **ou questões levantadas em função da situação**
O professor fará perguntas diferentes: do que as pessoas são feitas? Existe algum elemento visual que nos diferencie geneticamente? O que é o DNA? É uma célula? Uma molécula?

Métodos para ensinar competências **101**

Delimitação do objeto de estudo (e concretização do produto final, quando apropriado)
A partir da discussão anterior, veremos que as pessoas são feitas de células e que o DNA é o código genético que nos diferencia. Em seguida, será levantada a questão de como se pode conhecer o DNA de cada um.

FASE DE DESENVOLVIMENTO

Elaboração de hipóteses ou suposições
Nos perguntaremos onde o DNA pode ser visto: nas impressões digitais? No cabelo? Nas unhas? Na saliva? Analisaremos o próprio DNA, a partir da saliva, a fim de identificar o que nos diferencia. É preciso máquinas complexas e laboratórios muito equipados para analisar o DNA? De que elementos químicos precisamos?

Definição das estratégias de pesquisa, comparação ou aplicação para comprovar as hipóteses anteriores
O professor proporá um experimento com uma mistura de água, sabão e sal, à qual podem adicionar saliva e um pouco de álcool. O sabão, sendo um desengordurante, vai quebrar as membranas de gordura da célula para liberá-las. Se a mistura tiver sal e depois adicionarmos álcool, descobriremos que a solubilidade do sal na água e a insolubilidade do sal no álcool farão com que o DNA apareça na interface dos dois líquidos de modo que possa ser visto. Cada aluno, com a orientação do professor, levará para a escola um recipiente com água, sal e detergente e adicionará um pouco de saliva e álcool.

Realização da pesquisa, da comparação ou da aplicação
Uma vez que a hipótese tenha sido explicada, os alunos realizarão o experimento e fotografarão as diferentes etapas e os resultados.

Seleção de dados relevantes em relação à situação-problema inicial e comprovação das hipóteses iniciais
Os alunos poderão comprovar como sua cadeia de DNA pode ser visualizada misturando saliva com a mistura fornecida. Nesse ponto, observarão e compararão as diferentes cadeias que foram capturadas em fotografias e verão que, apesar de não haver duas cadeias exatamente iguais, elas se parecem bastante.

Comunicação do processo seguido e das informações obtidas
Os alunos irão preparar um relatório sobre o experimento, o processo químico realizado e as conclusões a que chegaram. Com esse relatório, escreverão um artigo que enviarão para a revista que o professor lhes mostrou; nele, refletirão sobre as diferenças genéticas que existem entre as pessoas.
Descontextualização e teorização sobre as aprendizagens realizadas
Nesse ponto, o experimento será analisado, sendo revisadas as informações fornecidas pelo DNA, por que cada cadeia é única e por que elas são tão parecidas.
FASE DE SÍNTESE
Integração e visão global ampliada
O professor ajudará nas conclusões e as complementará com a relação entre o DNA e as células-tronco, assim como os usos medicinais e tecnológicos que se pode fazer desses avanços científicos. Os alunos revisarão a parte química do experimento e discutirão como analisar outras amostras, como cabelo, por exemplo.
Metacognição sobre o processo e o resultado: autoavaliação
Os alunos revisarão o processo seguido, como acessaram as informações, como estabeleceram hipóteses, com a ajuda do professor, e como as compararam usando fontes diretas. Por fim, verificarão que a pesquisa no laboratório serviu para tirar conclusões que têm um impacto ético e social.
Estratégias de memorização
Os professores continuarão se referindo às principais conclusões no desenvolvimento de assuntos posteriores, como saúde, identidade ou outras pesquisas no laboratório.

7

PROJETOS DE TRABALHO GLOBAIS

Origem

Os *projetos de trabalho* ou, mais apropriadamente, *projetos de trabalho globais* podem ser considerados uma evolução dos *project works* criados para o ensino de línguas.

No início, esse método foi constituído como um meio de atender ao ensino de línguas e facilitar sua aprendizagem. A ideia central é a convicção de que o desenvolvimento das quatro principais competências linguísticas – ler, escrever, escutar e falar – é favorecido quando realizado em situações reais de comunicação e, portanto, existem uma mensagem, um receptor e um emissor, da maneira mais verossímil possível. Consequentemente, as estratégias didáticas para as quatro competências devem incluir situações comunicativas para cada uma delas, ou seja, quatro situações de comunicação que contemplem os três componentes-chave: algo para comunicar ou conhecer, alguém que comunica e alguém que recebe a informação. O aprimoramento dessa fórmula consiste em elaborar uma proposta de trabalho que torne necessária a utilização, de forma lógica e combinada, das quatro competências linguísticas.

Os *project works* vêm para suprir essa necessidade, estabelecendo um método que consiste, basicamente, na elaboração de uma monografia ou de um texto escrito sobre um tema interessante escolhido pelos alunos. Em todo o processo seguido até a elaboração do documento, os alunos precisarão usar as quatro competências linguísticas de maneira natural. Desde o primeiro momento, quando o grupo deve decidir sobre o tema da monografia, as habilidades de fala e escuta serão cruciais. Depois, nos processos de identificação das diferentes seções da monografia, na busca de informações e na redação das informações obtidas, as competências de leitura e escrita serão dominantes. E, no último passo, na comunicação dos resultados obtidos, novamente a fala e a escuta serão as competências a serem desenvolvidas.

Esse método aplicado à aprendizagem de línguas faz do assunto da monografia o fator menos importante; de certa forma, ele é uma desculpa, o mais motivadora possível, para que os alunos vivam com intensidade todo o processo de debate, busca de informações e exposição dos conhecimentos adquiridos. O *método de projetos de trabalho globais* utiliza um assunto como conteúdo da monografia ou do dossiê, que, além de desenvolver as competências de comunicação, também desenvolve competências de outras áreas do conhecimento, bem como aquelas que já são inerentes ao método e que podemos considerar comuns ou transversais: aprender a aprender, digitais, interpessoais e sociais.

Foi na metade da década de 1980, na escola Pompeu Fabra, em Barcelona, que se começou a elaborar, a partir da perspectiva da globalização e da interdisciplinaridade, a fórmula que mais tarde se tornaria o modelo de projeto mais comum e difundido (HERNÁNDEZ; VENTURA, 1992). Atualmente, esse método, apesar de ter sido concebido para permitir a integração de diferentes áreas, está sendo usado a partir de diferentes áreas ou disciplinas que têm o objetivo de preparar um dossiê ou uma monografia, porém com o assunto da disciplina em si, sem a intenção de cobrir, ao mesmo tempo, o conhecimento das outras disciplinas. Nesse caso, o método auxilia no desenvolvimento de competências dos conteúdos das disciplinas objeto do projeto de trabalho, bem como no de todas aquelas competências (linguísticas, aprender a aprender, digitais, autonomia e iniciativa pessoal, etc.) próprias das atividades de cada uma das fases do método e das características do trabalho em equipe que o método propõe.

Descrição da sequência de ensino-aprendizagem

Das diferentes e possíveis fases da sequência didática do método de projetos de trabalho globais, apresentaremos aquelas que foram definidas na escola Pompeu Fabra, em Barcelona. Tal como acontece com todos os métodos que expomos neste livro, a partir do momento da sua criação, os próprios criadores foram evoluindo, relativizando a importância do seguimento das fases do método e concentrando-se cada vez mais no porquê das ações de aprendizagem promovidas e nas relações estabelecidas entre professores e alunos e entre os próprios alunos. Como já foi dito, o que produz a aprendizagem não é o grau

Métodos para ensinar competências **105**

ou a pureza na aplicação de um método, mas as experiências de aprendizagem que esse método possibilita.

Fases da sequência de ensino-aprendizagem

1. Escolha do assunto do dossiê ou da monografia

Parte-se da ideia de que os alunos sabem que devem preparar um dossiê sobre um assunto de interesse e que devem fazê-lo de uma determinada maneira.

Como resultado de experiências anteriores, de algum fato da atualidade ou de um evento, diferentes tópicos são propostos para o trabalho. O grupo, junto com o professor, decide qual será o assunto do novo projeto.

2. Planejamento do desenvolvimento do assunto

Depois de escolher o tópico, cada aluno, individual ou coletivamente, faz uma proposta de sumário das diferentes seções do dossiê.

Ao mesmo tempo, é feita uma estimativa da distribuição do tempo e são estabelecidas as tarefas que serão realizadas para a busca das informações necessárias ao desenvolvimento das seções propostas no sumário. Em seguida, o professor especificará os objetivos de aprendizagem e selecionará os conteúdos que pretende trabalhar.

3. Busca de informações

O compartilhamento das diferentes propostas do sumário configurará o que será o roteiro do trabalho.

Uma vez escolhidos os meios mais adequados e acessíveis para coletar as informações, os alunos, distribuídos em pequenos grupos ou individualmente, procurarão os dados necessários para produzir as diferentes seções do sumário.

4. Tratamento das informações

Essa fase é uma das mais significativas do método, pois nela os alunos devem ser capazes de discernir e reconhecer o que é essencial e o que tem menos importância.

Do conjunto de dados obtidos, devem distinguir entre hipóteses, teorias, opiniões e pontos de vista; adquirir as habilidades para trabalhar com diferentes meios e recursos; classificar e ordenar as informações; chegar a conclusões e estabelecer processos de descontextualização para poder generalizar e, finalmente, levantar novas questões.

5. Desenvolvimento das diferentes seções do sumário

Com base nas informações coletadas e selecionadas, serão produzidos os conteúdos dos diferentes capítulos que compõem o sumário.

6. Elaboração da síntese

Nessa fase, será concretizado o que, para os alunos, é o produto do projeto que estão realizando e que justificou todo o trabalho anterior.

É feita a síntese dos aspectos tratados e daqueles que permanecem em aberto para futuras abordagens por parte de toda a turma e de cada aluno.

7. Avaliação

A seguir, todo o processo é avaliado em dois níveis: um de ordem interna, realizado pelo próprio aluno, e no qual ele recapitula e reflete sobre o que fez e o que aprendeu; e outro de ordem externa, no qual, com a ajuda do professor, o aluno deve aprofundar o processo de descontextualização, aplicando em diferentes situações a informação trabalhada e as conclusões obtidas, estabelecendo relações e comparações que permitam a generalização e conceitualização.

8. Novas perspectivas

Por fim, são abertas novas perspectivas de continuidade para o próximo projeto, para que seja mantido um maior grau de inter-relação e significado no processo de aprendizagem.

Fundamentação teórica

Os consultores psicopedagógicos do projeto desenvolvido na escola Pompeu Fabra, Hernández e Ventura (1992), justificam o modelo de projetos de trabalho globais com base em dois referenciais teóricos que utilizamos neste livro, além do didático:

1. Há um argumento sociológico derivado, sobretudo, da necessidade de adaptar a escola às múltiplas fontes de informações que transmitem o conhecimento que é necessário *saber para se preparar para a vida*. A impossibilidade de *conhecer tudo* deu origem à necessidade de aprender a forma como se relaciona o que se conhece e estabelecer sua ligação com o que o aluno pode chegar a conhecer.

2. Isso nos leva a um novo argumento de natureza psicológica, que se baseia em algumas das concepções atuais sobre a aprendizagem, especialmente aquelas que tendem a favorecer a criação de contextos de ensino que, com base nos níveis de desenvolvimento do aluno, apresentem situações de aprendizagem caracterizadas pelo seu significado, para que cada aluno possa *aprender a aprender*.

Função social: objetivos de aprendizagem

Âmbito pessoal

A competência que o método desenvolve de maneira mais explícita está relacionada ao aprender a aprender e à metacognição, bem como ao desenvolvimento das faculdades críticas e criativas.

O processo em si, desde o primeiro momento da seleção do assunto do dossiê até a síntese e avaliação do trabalho realizado, é determinado pelo uso de estratégias e procedimentos para a aquisição de conhecimento, sua seleção e seu processamento, assim como a avaliação da validade das fontes utilizadas, combinando a aquisição de conhecimento, a estruturação da inteligência e a capacidade crítica e criativa.

O método prepara para ter uma visão global da realidade, aprofundando as relações que podem ser estabelecidas em torno de um assunto.

Âmbito interpessoal

Todo o processo acontece por meio de um diálogo constante entre o trabalho coletivo e individual. A reflexão e o processo pessoal são acompanhados e apoiados pelo trabalho colaborativo, em momentos de reflexão, análise e debate em grandes grupos. Da mesma forma, há outros momentos que são, em sua maioria, de trabalho cooperativo, seja na busca de informações, seja na preparação e apresentação dos resultados obtidos.

As competências de relacionamento e autonomia pessoal são desenvolvidas nas diferentes fases do projeto, bem como as competências comunicativas, em especial as linguísticas.

Âmbitos social e profissional

O desenvolvimento das competências nos âmbitos social e profissional não é o que define o método, embora nele se encontrem implícitas a busca de atitudes de visão profunda e crítica da realidade e a promoção de uma posição socialmente responsável, ao mesmo tempo em que são desenvolvidas habilidades e estratégias fundamentais em ambos os âmbitos.

Concepção da aprendizagem: princípios psicopedagógicos

O fato de que a redefinição do método tenha sido realizada em meados da década de 1980 perpassa, evidentemente, o conhecimento atual sobre os processos de aprendizagem, de modo que o conhecimento prévio dos alunos e o respeito à singularidade dos processos pessoais de construção do conhecimento são estruturadores de toda a sequência de ensino-aprendizagem.

Da mesma forma, valoriza-se todo o processo de metacognição, desde os primeiros momentos em que os alunos têm de expressar seus interesses e conhecimentos disponíveis até a explicitação e avaliação das aprendizagens adquiridas.

Essa visão de personalização faz o papel do professor se centrar na mediação e na intervenção, para garantir o correto sequenciamento das ações de busca das informações, seleção e compreensão que permitem a aquisição do conhecimento e o incentivo à aprendizagem autônoma. A atividade mental necessária para a construção do conhecimento fica, de qualquer forma, garantida.

O significado e a funcionalidade das aprendizagens realizadas, como na maioria dos métodos para o desenvolvimento de competências, são inerentes ao próprio método. O que é escolhido e as ações realizadas ao longo de toda a sequência fazem tudo ter sentido. A capacidade de atribuir significado à aprendizagem, e em especial seu potencial para estabelecer relações entre diferentes conteúdos de aprendizagem, é fundamental como um método que é justificado por sua função globalizante, não apenas da posição de compreender uma realidade que é sempre global, mas como um meio para estabelecer relações entre as fontes de informação e os procedimentos para entendê-la.

A possibilidade de fornecer ajuda contingente é determinada pela importância dada ao trabalho colaborativo e à promoção da aprendizagem entre pares, em um ambiente de envolvimento do grupo-turma, na medida em que todos aprendem e compartilham o que aprendem. Essas condições são ideais para promover uma atitude favorável em relação à aprendizagem e são adicionadas àquelas que se originam do grau de participação e respeito pelas possibilidades e interesses dos alunos.

Métodos para ensinar competências **109**

Análise e atualização

No Quadro 7.1, podemos comparar as fases do método de projetos de trabalho globais e as fases descritas para o ensino de competências. Além disso, na última coluna, é feita uma proposta de atualização, à luz do conhecimento que temos hoje sobre os processos de aprendizagem.

A análise, no entanto, é feita a partir do esquema descrito do método. Em muitos casos, as atividades consideradas de atualização já são utilizadas em muitas salas de aula.

QUADRO 7.1. Fases do método de projetos globais e fases para o ensino das competências: comparação e proposta de atualização

Fases para o ensino das competências	Fases do método de projetos de trabalho globais	Atualização
1. Estabelecimento dos objetivos. 2. Apresentação motivadora da situação em sua complexidade. 3. Revisão dos conhecimentos prévios.	1. Escolha do assunto do dossiê ou da monografia.	Não é realizado nenhum processo para compartilhar os objetivos de aprendizagem, embora esses dados possam ser conhecidos se o método for rotineiramente utilizado. O grau de participação dos alunos no debate sobre a escolha do assunto do dossiê pode dar origem a evidências a respeito do conhecimento prévio de cada aluno. No entanto, na próxima fase é que essa revisão se torna mais explícita.

(Continua)

110 Zabala & Arnau

(Continuação)

Fases para o ensino das competências	Fases do método de projetos de trabalho globais	Atualização
4. Identificação e explicitação dos diferentes problemas ou questões levantadas em função da situação. 5. Delimitação do objeto de estudo (e concretização do produto final, quando apropriado). 6. Elaboração de hipóteses ou suposições.	2. Planejamento do desenvolvimento do assunto.	No momento de estabelecer o sumário do dossiê, é necessário especificar o objeto de estudo, ao mesmo tempo em que se identificam as questões que se pretende resolver em cada uma das seções do sumário. É nesse processo que se evidencia o conhecimento que já está disponível, mas sobretudo no momento em que, antes de realizar a busca de informações, os alunos manifestam explicitamente o que já conhecem. Além de expressar o conhecimento que já têm, é conveniente que os alunos expressem suas hipóteses sobre as questões-problema que o assunto suscita.
7. Definição das estratégias de pesquisa, comparação ou aplicação para comprovar as hipóteses anteriores. 8. Realização da pesquisa, da comparação ou da aplicação.	3. Busca de informações.	A importância de expressar as hipóteses é dada pelo fato de que este é o passo prévio e necessário para determinar a estratégia mais apropriada para buscar informações.

(Continua)

Métodos para ensinar competências **111**

(Continuação)

Fases para o ensino das competências	Fases do método de projetos de trabalho globais	Atualização
9. Seleção de dados relevantes em relação à situação--problema inicial e comprovação das hipóteses iniciais.	4. Tratamento das informações.	
10. Comunicação do processo seguido e das informações obtidas. 11. Integração e visão global ampliada. 12. Descontextualização e teorização sobre as aprendizagens realizadas.	5. Desenvolvimento das diferentes seções do sumário. 6. Elaboração da síntese.	Os conteúdos conceituais e procedimentais que foram tratados ou usados podem permanecer anedóticos se não forem realizadas atividades de aplicação em outras situações.
13. Metacognição sobre o processo e o resultado: autoavaliação. 14. Estratégias de memorização e exercitação.	7. Avaliação. 8. Novas perspectivas.	Ao longo do processo, pode-se considerar, e até mesmo garantir, que os alunos adquiriram muitas habilidades e ampliaram de modo significativo seus conhecimentos, mas estes podem ser facilmente esquecidos se não forem planejadas atividades para a memorização em médio e longo prazo.

Projetos de trabalho globais: exemplos

O DESERTO **NÍVEL DE ENSINO: Anos iniciais do ensino fundamental** **ÁREAS: Biologia, matemática, ciências sociais, linguagens** **e educação artística**
Competência-alvo: descobrir como os desertos são formados e como é a vida nesses locais, a partir da pesquisa de informações de diferentes fontes, para entendê-los como uma forma de ecossistema. **Metodologia:** a descoberta será feita a partir da consulta de diferentes fontes propostas pelo professor.
FASE INICIAL
Estabelecimento dos objetivos
O professor perguntará aos alunos se eles conhecem o deserto. Da mesma forma, compartilhará com eles toda a aprendizagem que terão a oportunidade de realizar em diferentes disciplinas e os critérios de avaliação.
Apresentação motivadora da situação em sua complexidade
A partir de dois fragmentos dos filmes *O Príncipe do Egito* e *Aladdin*, o professor perguntará aos alunos se sabem como os desertos se formaram e se poderíamos viver no deserto assim como vivemos aqui.
Revisão dos conhecimentos prévios
O professor perguntará se os alunos sabem como os desertos se formaram e se sabem quais desertos temos por perto e como as pessoas vivem neles.
Identificação e explicitação dos diferentes problemas **ou questões levantadas em função da situação**
Os alunos irão observar que os desertos são formados por grandes acumulações de areia. A partir dessa informação, diferentes perguntas serão feitas: como é o clima no deserto? Chove tanto quanto aqui? Os mesmos animais vivem no deserto? As mesmas plantas crescem? As pessoas moram em casas como aqui? Como as pessoas se vestem? Quais idiomas são falados no deserto? Como as pessoas se movem pelo deserto?

Delimitação do objeto de estudo (e concretização do produto final, quando apropriado)

Dado o grande número de perguntas que podemos fazer sobre os desertos, delimitaremos o estudo concentrando-nos em um local específico: o deserto do Saara.

FASE DE DESENVOLVIMENTO

Elaboração de hipóteses ou suposições

Os alunos farão um sumário para focar a pesquisa, que consiste, principalmente, em como é o clima no deserto, quais animais vivem nesse local e que vegetação cresce nele.

Os alunos considerarão a hipótese de que os desertos são formados pela areia que se acumula devido ao vento e à falta de chuva e que os animais e as plantas que vivem neles precisam de pouca água para viver.

Definição das estratégias de pesquisa, comparação ou aplicação para comprovar as hipóteses anteriores

Para realizar o trabalho, os alunos consultarão diferentes textos que o professor entregará.

Realização da pesquisa, da comparação ou da aplicação

Os alunos lerão diferentes textos sobre o deserto e poderão ver que o fato de não haver árvores faz com que quase nunca chova, de modo que os seres vivos que nele habitam têm de poder viver com pouquíssima água. A partir disso, realizarão uma pesquisa, com diferentes livros que o professor fornecerá, sobre a fauna e flora encontradas nesses climas.

Seleção de dados relevantes em relação à situação-problema inicial e comprovação das hipóteses iniciais

Uma vez comprovadas as hipóteses iniciais, serão selecionadas e classificadas as informações por seções, seguindo o sumário inicial.

Comunicação do processo seguido e das informações obtidas

Na disciplina de linguagens, serão redigidos os dossiês e ilustrados os diferentes conteúdos-chave.

Descontextualização e teorização sobre as aprendizagens realizadas
Depois que os alunos entregarem os dossiês, o professor os revisará e explicará que as características que eles viram no deserto do Saara também são encontradas nos diferentes desertos do mundo.

FASE DE SÍNTESE
Integração e visão global ampliada
A partir da pesquisa realizada, serão revisadas as características dos desertos, seu clima e as espécies que neles vivem, relacionando tudo isso ao conceito de ecossistema. Em outras condições, por exemplo, em uma selva, as espécies serão diferentes. Depois de apresentar o dossiê, os alunos escreverão sobre as principais características dos desertos e sobre sua flora e fauna.
Metacognição sobre o processo e o resultado: autoavaliação
Os alunos analisarão como foram fazendo diferentes perguntas conforme obtiveram mais informações sobre os desertos e como poderiam continuar expandindo esse conhecimento a partir de novas fontes de informação.
Estratégias de memorização
O professor fará uma síntese no final da unidade e relacionará os conceitos discutidos ao falar sobre novos ecossistemas.

OS PLANETAS
NÍVEL DE ENSINO: Anos finais do ensino fundamental
ÁREAS: Ciências sociais, biologia, matemática, linguagens e educação artística

Competência-alvo: apresentar visualmente os diferentes planetas do sistema solar, a partir do estudo de diferentes fontes de informação, a fim de descobrir suas características.

Metodologia: propõe-se um projeto de trabalho a partir de uma visita ao planetário.

Métodos para ensinar competências **115**

FASE INICIAL
Estabelecimento dos objetivos
O professor proporá aos alunos que conheçam os planetas que fazem parte do sistema solar. Da mesma forma, compartilhará com eles toda a aprendizagem que terão a oportunidade de realizar em diferentes disciplinas e os critérios de avaliação.
Apresentação motivadora da situação em sua complexidade
O professor mostrará imagens de um planetário aos alunos e proporá o estudo dos planetas próximos à Terra. Por que vivemos na Terra e não em outro planeta? Poderíamos viver em outro planeta se quiséssemos?
Revisão dos conhecimentos prévios
O professor perguntará aos alunos se sabem o que é o sistema solar e quais são os planetas que o compõem. A partir disso, perguntará o que sabem sobre cada um dos planetas e se gostariam de saber mais.
Identificação e explicitação dos diferentes problemas ou questões levantadas em função da situação
Os alunos verão que existem planetas diferentes, mas ainda não sabem se podemos viver em algum deles. O que devemos saber para decidir se podemos viver em outro planeta? Primeiro, estudaremos mais sobre cada um deles (localização, tamanho, formas de vida, raças, temperatura, idiomas, etc.).
Delimitação do objeto de estudo (e concretização do produto final, quando apropriado)
A partir dessa primeira abordagem, o professor proporá a elaboração de uma monografia sobre os diferentes planetas do sistema solar.
FASE DE DESENVOLVIMENTO
Elaboração de hipóteses ou suposições
O professor perguntará aos alunos em que lugar podem aprender mais sobre os planetas. No cinema? Em um museu? Finalmente, decide-se visitar um planetário para obter mais informações acerca dos diferentes planetas.
É possível viver da mesma forma em todos os planetas? Serão identificados a distância entre os planetas, seu tamanho, suas características e as formas de vida existentes em cada um.

Definição das estratégias de pesquisa, comparação ou aplicação para comprovar as hipóteses anteriores
Os alunos elaborarão um sumário detalhado sobre os aspectos que deverão consultar no planetário, bem como sobre os materiais necessários para coletar as informações (câmeras fotográficas, cadernos, lápis de cor, pasta, etc.).
Realização da pesquisa, da comparação ou da aplicação
Os alunos irão ao planetário e coletarão as informações que foram definidas na fase anterior.
Seleção de dados relevantes em relação à situação-problema inicial e comprovação das hipóteses iniciais
Os alunos analisarão as informações coletadas e as ordenarão de acordo com o sumário estabelecido.
Comunicação do processo seguido e das informações obtidas
Após a seleção das informações, os alunos desenvolverão as seções sobre os diferentes planetas do sistema solar.
Descontextualização e teorização sobre as aprendizagens realizadas
Quando os alunos concluírem as monografias, haverá uma discussão na sala de aula em que serão debatidas as características mais representativas de cada planeta.
FASE DE SÍNTESE
Integração e visão global ampliada
Após a apresentação, o professor resumirá as principais características dos planetas do sistema solar. A conclusão será a de que é impossível viver em qualquer outro planeta que não seja a Terra. Os alunos farão uma maquete do sistema solar, para que tenham de apresentar o conhecimento adquirido de forma plástica.
Metacognição sobre o processo e o resultado: autoavaliação
Os alunos revisarão o processo seguido, como acessaram a informação, se foi difícil selecioná-la, o que acharam mais interessante, o que foi mais complicado, etc.

Métodos para ensinar competências **117**

Estratégias de memorização
Os professores retomarão as estratégias de aprendizagem realizadas em outros momentos e estabelecerão relações entre os conteúdos aprendidos e a vida na Terra, os seus movimentos, o calendário, etc.

**O FEMINISMO
NÍVEL DE ENSINO: Ensino médio
ÁREAS: Ciências sociais, educação para a cidadania e linguagens**

Competência-alvo: reconstruir, de um ponto de vista histórico, a origem dos movimentos feministas, com base em pesquisas sobre a figura da mulher em nossa sociedade, para refletir sobre o reconhecimento das desigualdades existentes.

Metodologia: propõe-se um projeto de trabalho que se baseia em consultar fontes bibliográficas e assistir a diferentes filmes.

FASE INICIAL

Estabelecimento dos objetivos

O professor perguntará aos alunos se eles saberiam explicar o que é o feminismo e se um movimento como esse se justifica em nossa sociedade atual.
O professor também compartilhará com os alunos toda a aprendizagem que terão a oportunidade de realizar em diferentes disciplinas e os critérios de avaliação.

Apresentação motivadora da situação em sua complexidade

A partir de um cartaz do dia 8 de março, o professor perguntará o que se celebra nesse dia e se acham que hoje se justifica um dia internacional das mulheres.

Revisão dos conhecimentos prévios

O professor formulará perguntas diferentes: o que é o feminismo? Quando se originou? Por quê? O que é igualdade de gênero? O que é sexismo?

Identificação e explicitação dos diferentes problemas ou questões levantadas em função da situação

A partir do debate originado com as questões colocadas pelo professor, veremos que há muitos termos que parecem próximos a nós, mas que não foram esclarecidos. Todos significam o mesmo?

Delimitação do objeto de estudo (e concretização do produto final, quando apropriado)
O professor proporá que os alunos elaborem uma monografia sobre o feminismo, para publicar na revista da escola, coincidindo com o dia 8 de março.
FASE DE DESENVOLVIMENTO
Elaboração de hipóteses ou suposições
Agora será pesquisada a origem do dia 8 de março, onde o movimento está ocorrendo, que direitos foram defendidos, qual é o estado atual desses direitos no mundo e se há outros direitos que também devem ser reivindicados.
Definição das estratégias de pesquisa, comparação ou aplicação para comprovar as hipóteses anteriores
Os alunos, em pequenos grupos, decidirão qual bibliografia, páginas da internet e filmes usarão.
Realização da pesquisa, da comparação ou da aplicação
Uma vez decididos os meios, os alunos realizarão a consulta e o estudo.
Seleção de dados relevantes em relação à situação-problema inicial e comprovação das hipóteses iniciais
Após a pesquisa, os alunos selecionarão os dados principais e decidirão quais utilizarão.
Comunicação do processo seguido e das informações obtidas
Os alunos escreverão as diferentes seções da monografia e as reunirão para poder publicá-la na revista.
Descontextualização e teorização sobre as aprendizagens realizadas
Depois de as diferentes seções serem compartilhadas, refletiremos sobre os direitos que foram reivindicados quando o feminismo se originou e os direitos que ainda devem ser alcançados.

Métodos para ensinar competências **119**

FASE DE SÍNTESE
Integração e visão global ampliada
Depois de preparar o resumo, o professor explicará a situação das mulheres em diferentes países do mundo. Uma das conclusões será a necessidade atual de continuar lutando pelos direitos humanos de todas as mulheres do mundo. Por fim, o professor proporá um debate sobre as principais ideias reunidas no trabalho.
Metacognição sobre o processo e o resultado: autoavaliação
Os alunos revisarão o processo seguido, como acessaram a informação, se a compararam, se foi difícil reuni-la, a quais conclusões chegaram, etc.
Estratégias de memorização
Os professores continuarão fazendo referência às principais conclusões no desenvolvimento de assuntos posteriores, especialmente quando se referirem a qualquer tópico relacionado aos direitos humanos.

8

ESTUDO DE CASO E APRENDIZAGEM BASEADA EM PROBLEMAS

O *estudo de caso* (ou análise de caso) e a *aprendizagem baseada em problemas* (ABP) são dois métodos que têm em comum o fato de terem origem na formação universitária e profissional e de compartilharem, com pequenas variações, as diferentes fases da sequência de ensino-aprendizagem. A diferença substancial é a de que, no segundo método, a situação proposta vem de casos reais. Por essa razão, apresentamos os dois métodos no mesmo capítulo, diferenciando-os apenas na seção referente à origem e descrevendo-os conjuntamente nas demais, porém destacando suas principais diferenças.

Origem

Estudo de caso

Considera-se que foi Frédéric Le Play (1806-1882) quem, em 1829, introduziu pela primeira vez o estudo de caso para reforçar seus estudos sobre orçamento familiar, no campo das ciências sociais. Em 1908, na Harvard Business School, Edwin F. Gay (1867-1946) introduziu a metodologia do caso como método de ensino.

Quando a Harvard Business School foi estabelecida, percebeu-se que não havia livros didáticos apropriados para um programa de pós-graduação em negócios. Optou-se, então, por entrevistar diversos profissionais líderes de negócios e escrever várias histórias detalhadas sobre suas experiências. A partir delas, o método de estudo de caso tornou-se a maneira de ensinar as leis na área de negócios.

Métodos para ensinar competências **121**

O método foi planejado para que os alunos buscassem a solução para uma situação específica e a defendessem. Mais tarde, a universidade preparou expressamente pesquisadores e professores para elaborar casos, não apenas para serem aplicados em Harvard, mas para serem editados e usados em todo o mundo. A partir desse momento, o método passou a ser amplamente utilizado em várias especialidades de formação, incluindo direito, administração de empresas, medicina e ciência política.

O estudo de caso começa com a descrição de uma situação real na qual decisões devem ser tomadas ou algum problema deve ser resolvido. Pode ser uma situação que realmente ocorreu como descrito ou com algumas partes alteradas por motivos de privacidade. Seu objetivo é extrair conclusões generalizáveis a partir da análise de um caso específico. A maioria dos estudos de caso é escrita para que o leitor seja responsável pela tomada de decisões. Embora em quase todos seja necessário tomar uma decisão, esta pode consistir em deixar a situação como está e não intervir de forma alguma.

O que distingue o estudo de caso é a capacidade de comparar as conclusões ou recomendações do aluno com o que de fato aconteceu e focar no porquê e em como aplicar uma determinada habilidade ou conceito, e não tanto em lembrar fatos e detalhes específicos.

Aprendizagem baseada em problemas

O método descrito como *aprendizagem baseada em problemas* (ABP, ou PBL em inglês)* começou a ser implementado na Faculdade de Medicina da McMaster University, em Hamilton (Ontário, Canadá), no final dos anos 1960, por Howard Barrows e seus colaboradores. Posteriormente, foi adotado no ensino de outras áreas acadêmicas e profissionais: ciências da saúde, matemática, direito, educação, economia, negócios, ciências sociais e engenharia. Hoje, o método é aplicado em todos os níveis de ensino. Como aconteceu no caso de outros métodos para o desenvolvimento de competências, a evolução da ABP a configurou em uma filosofia, uma forma de compreender a educação e um estilo de aprendizagem.

O uso desse método de ensino, como outras pedagogias centradas no aluno, foi motivado pelo reconhecimento das deficiências do ensino tradicional e pelo surgimento de uma compreensão mais profunda de como as pessoas aprendem. Nesse caso, tem sua gênese no ensino de medicina: os alunos ficavam desanimados ao ver que a grande quantidade de material que deveriam

---

* N. de R.T. PBL, de *problem-based learning*.

122 Zabala & Arnau

estudar nos três primeiros anos do curso não tinha muito a ver com a prática clínica. O método foi desenvolvido para estimular os alunos, ajudá-los a ver a relevância da aprendizagem para o exercício de funções futuras, manter um maior nível de motivação em relação à aprendizagem e mostrar a importância de ter atitudes responsáveis e profissionais.

Com o objetivo fundamental de ajudar os alunos a desenvolver competências que permitissem resolver problemas de forma eficaz a partir da aprendizagem autogerenciada, colaboração e motivação intrínseca, a ABP consiste em um método em que os alunos têm de resolver os problemas colocados por um assunto ou uma situação do mundo real. Esses desafios ou situações problematizadas guiarão a pesquisa, levantando a necessidade de desenvolver hipóteses explicativas e identificar necessidades de aprendizagem que possibilitem uma melhor compreensão do problema e o alcance dos objetivos de aprendizagem estabelecidos.

Descrição da sequência de ensino-aprendizagem

No estudo de caso, a sequência de ensino-aprendizagem começa a partir da leitura ou observação de um caso real ou próximo do real que o aluno deve analisar em sua complexidade para posteriormente encontrar uma solução ou chegar a conclusões. Portanto, o método pode ser aplicado em duas modalidades:

- *Modalidade 1.* O caso já está resolvido, e o aluno deve analisar como a situação ocorreu e foi resolvida.
- *Modalidade 2.* O caso apresenta um problema para o qual o aluno deve dar uma resposta.

De acordo com as características dessas modalidades, a sequência didática terá um desdobramento diferenciado, mas em ambos os casos é necessário descrever o contexto em que a situação ocorreu, os personagens envolvidos (características, papéis, sentimentos, intenções, etc.) e as variáveis que intervêm na ação. Depois da leitura pelo grande grupo, são discutidas as diferentes alternativas de solução. A partir disso, serão determinadas as questões às quais o aluno deve responder e, em pequenos grupos, os alunos entrarão em acordo sobre as decisões a serem tomadas. A sequência deve terminar com o compartilhamento das decisões tomadas pelos diferentes grupos, e o professor deve guiar a conclusão final. É necessário levar em conta que, muitas vezes, os casos não terão uma única solução correta; portanto, a turma deve estar aberta a diferentes alternativas.

Fases da sequência de ensino-aprendizagem

As fases da sequência de ensino-aprendizagem na modalidade 1 são:

1. Leitura e análise do caso

Identificam-se os pontos críticos da proposta e as alternativas para resolver a situação descrita, selecionando o que é considerado mais adequado e desenvolvendo uma proposta inicial para resolver o caso.

2. Discussão em pequenos grupos

A partir da preparação individual, os alunos trocam ideias e reflexões e discutem as diferentes propostas. As ideias são confrontadas, e as propostas iniciais são reforçadas ou modificadas.

3. Sessão de debate

Com a ajuda do professor como moderador, os alunos comparam suas posições individuais e, no final, a solução do caso é divulgada.

4. Reflexão individual

Por meio da reflexão individual, os alunos comparam o resultado final com a sua proposta individual.

Em relação à modalidade 2 do estudo de caso, como é feita não somente a análise e a comparação das diferentes propostas, mas também a busca de possíveis soluções para os problemas levantados, as fases da sequência de ensino-aprendizagem têm muito a ver com as fases da ABP. Assim, com base no modelo de Maastricht (SCHMIDT, 1983 *apud* ORTS, 2011), podemos adaptar as fases da sequência de ensino-aprendizagem da seguinte forma:

1. Leitura do caso e esclarecimento de conceitos

O caso ou a situação em estudo são apresentados, e o significado dos diferentes componentes da situação é discutido. Toma-se consciência das características do problema ou problemas que a situação traz e da necessidade de aprender novos conceitos, princípios e habilidades no processo de resolução de problemas.

2. Definição do problema ou problemas

Em grupos, é feito um inventário do conhecimento que os alunos já têm. Isso inclui tanto o que realmente se sabe quanto os pontos fortes e as capacidades de cada membro da equipe.

3. Brainstorming, *análise e justificativa do problema*

Com base no conhecimento prévio e no senso comum, são dadas tantas explicações quanto possível. Em um *brainstorming*, os alunos, reunidos em grupos de aprendizagem, discutem a situação-problema e propõem soluções.

4. Organização das ideias

É hora de preparar um inventário de soluções e identificar as informações necessárias para resolver o caso ou a situação-problema. É feita uma lista de todas as soluções, que são priorizadas de acordo com sua verossimilhança ou probabilidade de sucesso. A partir delas, são determinadas as ações a serem tomadas para resolver o problema.

5. Formulação de objetivos de aprendizagem

Consiste na formulação de hipóteses e no estabelecimento do plano de ação, determinando os recursos que serão utilizados e como o tempo será distribuído. A partir dessa primeira lista com as hipóteses correspondentes, um plano de pesquisa e aprendizagem é elaborado para alcançar os objetivos educacionais, tanto individuais quanto do grupo.

6. Estudo independente

Pesquisa e busca de informações, estudo e resumo. Essa é a fase de pesquisa e trabalho pessoal. Primeiro, devem ser determinadas as fontes de informação e os diferentes recursos a serem usados. Nesse processo, será realizada a aprendizagem pessoal sobre os diferentes recursos utilizados e os conhecimentos adquiridos. Posteriormente, elabora-se o resumo pessoal sobre as tarefas executadas e em que medida elas fornecem a base para a solução do problema ou dos problemas.

7. Reconceitualização e esclarecimento

Em pequenos grupos (de 5 a 10 alunos), é realizada uma reunião informativa. São discutidos os resumos individuais, e as informações coletadas são criticamente avaliadas (a confiabilidade e a relevância para resolver o caso), de modo que todos os membros do grupo tenham a oportunidade de defender seus resultados.

8. Avaliação

A solução para o problema é apresentada ao grupo-turma. Uma discussão conjunta ocorre, na qual se avalia se as informações obtidas conseguem atender aos objetivos do problema. Da mesma forma, são avaliados o processo de aprendizagem e a dinâmica e participação do grupo.

Fundamentação teórica

Função social: objetivos de aprendizagem

O estudo de caso e a ABP nascem na formação universitária, como forma de proporcionar aos alunos as habilidades e os conhecimentos necessários para o seu futuro desenvolvimento profissional, a partir de uma ótica em que se entende que o seu papel é ser capaz de responder a situações profissionais novas e complexas em ambientes nos quais é preciso trabalhar colaborativamente.

Trata-se de uma formação destinada a exercer uma profissão em um período caracterizado por mudanças massivas, aceleradas e constantes e carregadas de incerteza, o que inevitavelmente conduzirá os alunos à necessidade de aprendizagem ao longo de toda a vida. A necessidade de se adaptar a essas mudanças requer o desenvolvimento de competências e habilidades específicas que tornem isso possível.

Âmbito pessoal

As competências essenciais de ambos os métodos na esfera pessoal estão relacionadas àquelas de *aprender a aprender*, nas quais as estratégias de raciocínio são básicas. Os métodos têm o objetivo de desenvolver habilidades cognitivas, como análise, argumentação ou resolução de problemas. Favorecem a aquisição do método científico, pois estimulam os aprendizes a formular hipóteses que, mais tarde, devem validar como respostas adequadas ou não ao problema inicial.

Ao trabalhar usando uma combinação de estratégias de aprendizagem para descobrir a natureza de um problema, compreender as limitações e opções para a sua resolução, definir as variáveis de entrada e compreender os pontos de vista envolvidos, os alunos aprendem a negociar a complexa natureza sociológica do problema e a forma como as resoluções concorrentes podem fundamentar a tomada de decisões.

Os alunos desenvolvem competências que visam à busca efetiva de informações e à promoção do pensamento crítico e criativo, entendido como a capacidade de analisar, sintetizar e avaliar informações e estimar se tais informações são apropriadas para um determinado contexto. O aluno deve considerar as informações conhecidas e procurar as informações relevantes que são desconhecidas, a fim de obter um novo corpo de conhecimento.

Âmbitos interpessoal e social

Em ambos os métodos, o trabalho em equipe é consubstancial, envolvendo, portanto, o desenvolvimento de competências e habilidades interpessoais e sociais, como a comunicação e a cooperação.

Todo o processo de estudo de casos e resolução de problemas é feito com base em contraste e cooperação. Assim, discussões, *brainstorming*, busca de informações ou comunicação de resultados combinam constantemente trabalhos individuais e coletivos.

Âmbito profissional

Como foi mencionado, as competências desenvolvidas pelos dois métodos são especialmente voltadas para esse âmbito, uma vez que desenvolvem os recursos que os alunos precisam ter em seu futuro profissional, colocando-os em uma verdadeira simulação do mundo do trabalho e do contexto profissional, o que implica introduzir-se na política, em processos e problemas éticos que precisam ser compreendidos e resolvidos a seu tempo.

São desenvolvidos aspectos fundamentais na vida profissional: busca ativa, capacidade de organização, competência comunicativa e espírito de grupo. Ao mesmo tempo, deve-se destacar a importância de aprender funções futuras, manter um maior nível de motivação para a aprendizagem e uma atitude profissional responsável.

Métodos para ensinar competências **127**

Concepção da aprendizagem: princípios psicopedagógicos

As bases psicopedagógicas nas quais ambos os métodos se fundamentam são uma consequência do conhecimento existente no momento de sua criação. Assim, o método do estudo de caso, concebido no final do século XIX e início do século XX, baseia-se em um funcionalismo inicial, na concepção de aprendizagem em ação e no ensino centrado no aluno. Por sua vez, o desenvolvimento do método de ABP ocorre quando o conhecimento predominante sobre a aprendizagem é o construtivismo; consequentemente, incorpora muitos de seus princípios.

Se nos concentrarmos na aplicação atual de ambos os métodos e no que vimos no desenvolvimento das fases de ensino-aprendizagem, observamos que a atitude favorável em relação à aprendizagem se manifesta em dois aspectos:

- As situações ou casos a serem resolvidos são relevantes para os alunos.
- Ao longo de todo o processo, os estudantes são protagonistas de sua aprendizagem.

Trata-se, portanto, de situações que fazem sentido para os alunos e em que todas as aprendizagens que devem realizar, sejam aquelas relacionadas aos referenciais teóricos envolvidos no caso ou aquelas relacionadas às habilidades e estratégias de trabalho e comunicativas, são sempre concebidas a partir de sua funcionalidade.

A ativação do conhecimento prévio é o ponto a partir do qual todo o processo é construído para a análise da situação, a identificação dos problemas a serem resolvidos, a definição das hipóteses e a seleção dos instrumentos de pesquisa. O processo, no entanto, permite em todos os momentos o desenvolvimento de uma forte atividade intelectual em que o conflito cognitivo é o meio para a construção do conhecimento. É o processo de criação de sentido e construção de interpretações pessoais do mundo com base nas experiências e interações com os outros, no contraste entre as perguntas, as ideias pessoais e resultados da pesquisa.

As atividades de *feedback* e reflexão sobre o processo de aprendizagem, baseadas em dinâmicas de grupo, são componentes essenciais desses métodos. A reflexão sobre o próprio pensamento e a revisão de ideias anteriores a partir do contraste com os outros configuram o processo metacognitivo como meio para aprofundar as aprendizagens realizadas.

Análise e atualização

No Quadro 8.1, podemos comparar as fases dos métodos de estudo de caso e aprendizagem baseada em problemas e as fases descritas para o ensino de competências. Além disso, na última coluna, é feita uma proposta de atualização, à luz do conhecimento que temos hoje sobre os processos de aprendizagem. Como se pode ver, há poucas considerações a serem feitas, prova da atualidade de sua formulação como métodos centrados na resolução de problemas em situações ou casos reais.

QUADRO 8.1. Fases dos métodos de estudo de caso e aprendizagem baseada em problemas e fases para o ensino das competências: comparação e proposta de atualização

Fases para o ensino das competências	Fases do estudo de caso e da ABP	Atualização
1. Estabelecimento dos objetivos. 2. Apresentação motivadora da situação em sua complexidade. 3. Revisão dos conhecimentos prévios.	1. Leitura do caso e esclarecimento dos conceitos.	Antes de ler o caso ou logo depois, é necessário dedicar algum tempo para compartilhar os objetivos de aprendizagem, o processo que será seguido e os critérios de avaliação que serão utilizados.
4. Identificação e explicitação dos diferentes problemas ou questões levantadas em função da situação. 5. Delimitação do objeto de estudo (e concretização do produto final, quando apropriado).	2. Definição do problema ou problemas.	

(Continua)

Métodos para ensinar competências **129**

(Continuação)

Fases para o ensino das competências	Fases do estudo de caso e da ABP	Atualização
6. Elaboração de hipóteses ou suposições.	3. *Brainstorming*, análise e justificativa do problema.	
7. Definição das estratégias de pesquisa, comparação ou aplicação para comprovar as hipóteses anteriores.	4. Organização das ideias. 5. Formulação de objetivos de aprendizagem.	
8. Realização da pesquisa, da comparação ou da aplicação.	6. Estudo independente.	
9. Seleção de dados relevantes em relação à situação-problema inicial e comprovação das hipóteses iniciais. 10. Comunicação do processo seguido e das informações obtidas. 11. Integração e visão global ampliada. 12. Descontextualização e teorização sobre as aprendizagens realizadas. 13. Metacognição sobre o processo e o resultado: autoavaliação. 14. Estratégias de memorização e exercitação.	7. Reconceitualização e esclarecimento. 8. Avaliação.	Embora o processo de reflexão sobre as aprendizagens realizadas seja feito de alguma forma, seria bom insistir nesse ponto, especialmente em todas as habilidades relacionadas ao aprender a aprender e comunicativas, que não ficam explícitas na solução do caso. É necessário insistir em atividades de autoavaliação e naquelas que facilitam a memorização subsequente do que foi aprendido. Nesse caso, de descontextualização e generalização.

Aprendizagem baseada em problemas: exemplos

COMO PODEMOS ECONOMIZAR ÁGUA? **NÍVEL DE ENSINO: Anos finais do ensino fundamental** **ÁREAS: Biologia, matemática, informática, linguagens**
Competência-alvo: calcular a quantidade de litros de água que é desperdiçada na escola em um ano letivo, a partir de contas de água reais, para aumentar a conscientização sobre a necessidade de economizar água. **Metodologia:** propõe-se uma resolução de problemas em que os alunos calcularão, a partir dos dados reais da escola, como podem economizar água.
FASE INICIAL
Estabelecimento dos objetivos
O professor proporá que os alunos calculem o volume de água desperdiçado durante um ano letivo, bem como definam estratégias que ajudem a economizá-la. O professor também compartilhará com os alunos toda a aprendizagem que terão a oportunidade de realizar em diferentes disciplinas e os critérios de avaliação.
Apresentação motivadora da situação em sua complexidade
A partir de uma notícia do jornal que fala sobre a seca, o professor mostrará aos alunos as contas de água da escola do ano letivo anterior.
Revisão dos conhecimentos prévios
Sabemos como interpretar a conta? Quantos litros calculamos? O que é um metro cúbico? Quanto espaço ocupa? Consumimos muitos ou poucos litros? O consumo poderia ser reduzido de alguma forma?
Identificação e explicitação dos diferentes problemas ou questões levantadas em função da situação
Após a discussão inicial, os alunos identificarão que poderia haver uma economia de muitos litros. São muitos alunos, e cada ação positiva realizada representa uma economia considerável no final do ano.

Métodos para ensinar competências **131**

Delimitação do objeto de estudo (e concretização do produto final, quando apropriado)
O professor proporá que os alunos verifiquem se algumas das ideias que surgiram são boas soluções para o problema, vendo quantos litros de água poderiam ser economizados com suas propostas.
FASE DE DESENVOLVIMENTO
Elaboração de hipóteses ou suposições
Os alunos prepararão uma lista de soluções: não usar o vaso como lixeira, não deixar a torneira aberta enquanto lavam as mãos, etc.
Definição das estratégias de pesquisa, comparação ou aplicação para comprovar as hipóteses anteriores
Os alunos calcularão os litros gastos quando se puxa a descarga, quando uma torneira é deixada aberta por um minuto, quando o chão de toda a escola é limpo, quando se lavam os pratos, etc. Quando tiverem calculado, o professor pedirá que analisem quantos litros poderiam ser economizados com pequenas ações, levando em consideração os dias do ano em que a escola está aberta e o número de pessoas que a frequentam todos os dias.
Realização da pesquisa, da comparação ou da aplicação
Os alunos calcularão os diferentes dados para comprovar as consequências das diferentes ações. Eles inserirão em uma planilha os diferentes dados encontrados e os modificarão para descobrir a melhor solução.
Seleção de dados relevantes em relação à situação-problema inicial e comprovação das hipóteses iniciais
Após a pesquisa, os alunos anotarão os dados que consideraram mais relevantes.
Comunicação do processo seguido e das informações obtidas
Após a comprovação, os alunos prepararão um relatório no qual reunirão o processo seguido e os cálculos realizados.

Descontextualização e teorização sobre as aprendizagens realizadas
O objetivo da experiência é avaliar a necessidade de reduzir o consumo de água, a fim de respeitar o meio ambiente. O professor conscientizará os alunos sobre a quantidade de água desperdiçada no mundo, bem como sobre algumas das estratégias que podemos seguir no nosso dia a dia para evitar o consumo desnecessário.

FASE DE SÍNTESE

Integração e visão global ampliada
Os alunos refletiram sobre o consumo de água na escola, mas agora pedimos que façam o mesmo processo com a água que consomem em casa. Já sabem alguns dos conselhos dados e pediremos que pensem em outras estratégias de economia de água (p. ex., deixar um balde na banheira para coletar a água que sai fria antes do banho todos os dias; com ela, podemos regar as plantas).

Metacognição sobre o processo e o resultado: autoavaliação
Os alunos revisarão o processo seguido, como pesquisaram sobre o consumo de água, como aplicaram cálculos matemáticos e como colaboraram na definição de mensagens que serão compartilhadas com o restante da escola, a fim de tornar o consumo de água mais responsável.

Estratégias de memorização
Após a síntese, os professores lembrarão os conceitos discutidos nas unidades subsequentes e recuperarão as estratégias de cálculo aplicadas nos diferentes exercícios que trabalharão nas oficinas posteriores.

COMO OS MUNICÍPIOS FAZEM A GESTÃO DE SEUS RESÍDUOS?
NÍVEL DE ENSINO: Ensino médio
ÁREAS: Biologia, ciências sociais, matemática e linguagens

Competência-alvo: analisar a gestão de resíduos do nosso município, por meio da simulação de seus custos, para nos sensibilizarmos sobre a necessidade de uma gestão responsável.

Metodologia: propõe-se um estudo de caso em que os alunos examinam como gerir os resíduos produzidos em seu município.

Métodos para ensinar competências **133**

FASE INICIAL
Estabelecimento dos objetivos
O professor proporá aos alunos a observação da gestão de resíduos que diferentes empresas e prefeituras fazem, para aumentar a conscientização sobre a necessidade de uma gestão responsável do que consumimos e do que jogamos no lixo. Da mesma forma, compartilhará com eles toda a aprendizagem que terão a oportunidade de realizar em diferentes disciplinas e os critérios de avaliação.
Apresentação motivadora da situação em sua complexidade
O professor mostrará um artigo sobre o problema dos resíduos no mundo. Cada vez mais acumulamos resíduos, em parte devido às embalagens da maioria dos produtos que consumimos, e esses resíduos ficam acumulados em algum lugar.
Revisão dos conhecimentos prévios
Que tipos de resíduos produzimos? Eles são biodegradáveis? O que fazemos com resíduos que não são biodegradáveis? Onde os colocamos? Podemos reduzir os resíduos que produzimos?
Identificação e explicitação dos diferentes problemas ou questões levantadas em função da situação
Após as questões mencionadas, os alunos já identificaram e diferenciaram os principais tipos de resíduos. Estes constituem um grave problema ambiental e podem originar outros, como poluição da água, do solo e do ar, com os correspondentes riscos que acarretam para a saúde pública. Os resíduos também podem ser uma fonte de emissões de gases de efeito estufa, contribuindo assim para as alterações climáticas. Evitar ao máximo o impacto ambiental causado pelos resíduos e gerir corretamente os inevitáveis deve ser um elemento prioritário da política ambiental.
Delimitação do objeto de estudo (e concretização do produto final, quando apropriado)
Os alunos estudarão a gestão de resíduos realizada pelo seu município, por meio de um relatório publicado pela prefeitura, e compararão com a gestão feita por outra prefeitura que obteve reconhecimento por sua gestão de resíduos.

FASE DE DESENVOLVIMENTO
Elaboração de hipóteses ou suposições
Os alunos formularão hipóteses sobre quais são as estratégias utilizadas pelo outro município que acham que poderiam ser aplicadas ao seu município para gerenciar resíduos de uma forma mais sustentável. Para tanto, farão estimativas sobre o volume de resíduos que podem ser gerados e o preço que pode ter sua gestão. Primeiro, no entanto, deverão calcular quantas toneladas de lixo podem ser coletadas por dia e conhecer melhor o processo de coleta.
Definição das estratégias de pesquisa, comparação ou aplicação para comprovar as hipóteses anteriores
Os alunos decidem fazer uma estimativa dos tipos de resíduos, a partir da coleta de lixo que produzirem em suas casas, e ver qual é a diferença de aplicar as estratégias que detectaram, a fim de calcular a melhoria na gestão de resíduos que seu município pode gerar.
Realização da pesquisa, da comparação ou da aplicação
Os alunos realizarão o experimento e, com os dados coletados, compararão os dois casos.
Seleção de dados relevantes em relação à situação-problema inicial e comprovação das hipóteses iniciais
Depois de realizar o experimento, os alunos comprovarão os dados originais. Eles devem ter percebido que o sistema de gestão é muito mais complexo do que suas estimativas iniciais e que o volume de resíduos gerado em um ano é muito maior do que haviam imaginado.
Comunicação do processo seguido e das informações obtidas
Os alunos farão uma apresentação em PowerPoint com as conclusões obtidas depois de comparar os dois casos e as propostas de melhoria que poderiam ser aplicadas.
Descontextualização e teorização sobre as aprendizagens realizadas
Depois de analisar os resultados, o professor lembrará os alunos da diferença entre resíduos biodegradáveis e não biodegradáveis. Também comentará sobre a dificuldade de gerenciar todos os resíduos não biodegradáveis para evitar que se tornem um risco à saúde e ao meio ambiente e insistirá em algumas das principais estratégias para seu controle, como redução, reciclagem e reutilização.

Métodos para ensinar competências **135**

FASE DE SÍNTESE
Integração e visão global ampliada
Uma vez que os principais conceitos relacionados aos resíduos se tornaram claros, o professor apresentará aos alunos o caso de algumas empresas que gerenciam seus resíduos de uma maneira diferente. Essa etapa é feita para que apliquem as competências aprendidas. Assim, o professor proporá que os alunos escrevam uma carta explicando as razões pelas quais pedimos às empresas que mudem a sua política de gestão de resíduos.
Metacognição sobre o processo e o resultado: autoavaliação
Os alunos irão rever o processo seguido, como pesquisaram sobre a gestão de resíduos, como aplicaram cálculos matemáticos e como se tornaram conscientes da importância de aplicar estratégias de redução, reutilização e reciclagem no seu cotidiano.
Estratégias de memorização
Os alunos reverão os conceitos-chave na elaboração de um mapa conceitual desenvolvido individualmente.

O QUE É INJUSTIÇA ALIMENTAR?   **NÍVEL DE ENSINO: Ensino médio**   **ÁREAS: Matemática, ciências sociais, tecnologia, ética, linguagens**
Competência-alvo: analisar diferentes casos de produção agrícola, comparando diferentes realidades de consumo local em todo o mundo, para detectar e aumentar a conscientização sobre a injustiça alimentar.   **Metodologia:** estudo de caso em que os alunos devem comparar diferentes casos de estrangeirização de terras.
FASE INICIAL
Estabelecimento dos objetivos
O professor apresentará a unidade e comentará que, por trás do consumo de produtos como o cacau ou o café, há muitas injustiças alimentares. A análise desses casos nos permitirá ter critérios para decidir como podemos consumir de forma mais crítica e responsável, a fim de promover a justiça alimentar.   O professor também compartilhará com os alunos toda a aprendizagem que terão a oportunidade de realizar em diferentes disciplinas e os critérios de avaliação.

Apresentação motivadora da situação em sua complexidade
O professor mostrará aos alunos anúncios de diferentes produtos e explicará as consequências do atual modelo de produção para os trabalhadores em muitas regiões e países, já que o sistema alimentar não é igualitário e justo, e esgota e destrói os recursos naturais do planeta.
Revisão dos conhecimentos prévios
Consumimos o que precisamos ou mais do que precisamos? De onde vêm os produtos que consumimos? Como eles são produzidos? Que efeitos o nosso consumo tem sobre os produtores ou países de origem dos produtos? O que é a estrangeirização de terras? Todas as empresas são iguais?
Identificação e explicitação dos diferentes problemas ou questões levantadas em função da situação
A partir de um estudo de caso, os alunos verão que tipo de explorações são injustas com os direitos dos agricultores e não respeitam os recursos naturais. Buscando o máximo rendimento econômico, são negligenciados os aspectos essenciais para a justiça alimentar em todo o planeta.
Delimitação do objeto de estudo (e concretização do produto final, quando apropriado)
De todos os aspectos que surgiram no caso, o professor pedirá que os alunos se concentrem em detectar quais produtos costumam consumir que não respeitam os direitos dos agricultores. Ele proporá que pesquisem e detectem maneiras de lutar contra a injustiça alimentar.
FASE DE DESENVOLVIMENTO
Elaboração de hipóteses ou suposições
Os alunos prepararão uma lista de produtos e farão pesquisas sobre o modelo de produção e exploração adotado pelas diferentes empresas.
Definição das estratégias de pesquisa, comparação ou aplicação para comprovar as hipóteses anteriores
Os alunos realizam uma pesquisa sobre de onde vêm os produtos que selecionaram, quais são as condições dos agricultores que trabalham com as matérias-primas e qual é o processo de fabricação dos produtos.

Métodos para ensinar competências **137**

Realização da pesquisa, da comparação ou da aplicação
A partir da pesquisa, serão comparados diferentes modelos e analisadas as diferenças entre os modelos de produção e as condições de vida dos agricultores.
Seleção de dados relevantes em relação à situação-problema inicial e comprovação das hipóteses iniciais
Após a pesquisa, os alunos refletirão sobre os problemas ambientais relacionados à exploração de terras e ao empobrecimento de diferentes regiões.
Comunicação do processo seguido e das informações obtidas
Uma vez que os dados tenham sido contrastados, os alunos farão um pôster de denúncia sobre as marcas trabalhadas.
Descontextualização e teorização sobre as aprendizagens realizadas
Por fim, o professor comentará com os alunos que os casos tratados na unidade não são isolados e existem outros problemas relacionados à injustiça alimentar, como a inflação e a especulação com produtos alimentícios, ou a estrangeirização de terras.

9

ROLE-PLAYING E SIMULAÇÃO

As estratégias didáticas baseadas em *role-playing* e *simulação* podem ser consideradas unicamente como uma técnica, ou como atividades que podem ser usadas em um determinado momento para aprofundar ou compreender uma situação específica ou praticar um procedimento ou conjunto de procedimentos. Assim, a partir desses dois métodos, também é possível construir toda uma unidade didática que contemple todas as fases de um ensino para o desenvolvimento de competências para a vida.

O *role-playing* e a simulação têm em comum o fato de colocarem os alunos em uma posição de representação ou atuação em uma situação na qual eles são os protagonistas. No primeiro, os alunos representam, por meio de uma espécie de dramatização, um personagem específico ou coletivo, para entender as razões que movem sua ação. Na segunda, o aluno deve ser colocado como executor de um conjunto de ações para conseguir compreendê-las e dominá-las, a partir de diferentes sessões de prática ou exercitação.

De acordo com Scarcella e Oxford (1992), enquanto nas simulações as situações da vida real são representadas e o aluno age como faria ele mesmo, no *role-playing* o aluno tem de representar um personagem e experimentar como este agiria no dia a dia. De alguma forma, no *role-playing* o aluno age como se estivesse na pele do personagem ou do grupo representado em uma ação empática, condicionada pelas características específicas do representado. No caso da simulação, a atuação tem margens de manobra condicionadas pela função do que é reproduzido ou realizado, que geralmente

Métodos para ensinar competências **139**

tem caráter procedimental (p. ex., um simulador de voo). Com base nessa diferenciação, nem sempre bem definida, nem aceita por todos os especialistas, descreveremos cada um dos métodos.

Assim, a simulação pode ser semelhante ao *role-playing* se a definirmos como um conjunto de "[...] situações simuladas (não têm de ser reais) a partir das quais se estimula a reflexão" (RODRÍGUEZ LÓPEZ; MEDRANO BASANTA, 1993), porém, não se assemelha ao *role-playing* quando entendida como "[...] a estratégia que reproduz aspectos da realidade, com o uso de recursos variados, que se quer estudar e aprender para obter o máximo êxito no momento em que são realmente vivenciados" (RAJADELL, 2001).

Origem

O *role-playing* é a técnica derivada do psicodrama e do sociodrama, introduzidos por J. Levy Moreno (1889-1974) no início do século XX, e consiste na representação ou dramatização de uma situação. Levy Moreno desenvolveu essa técnica com o objetivo de reeducar a espontaneidade a partir do vínculo com a criatividade e a convivência em grupos de trabalho. Em sua origem, o propósito de seu uso era terapêutico.

Podemos definir o *role-playing* como aquela atividade em que "[...] duas ou mais pessoas representam uma situação da realidade para análise posterior pelo grupo" (RODRÍGUEZ LÓPEZ; MEDRANO BASANTA, 1993).

Portanto, consiste na dramatização de uma situação, que em geral representa algum conflito, com o objetivo de explorar os aspectos que caracterizam situações sociais complexas. Consequentemente, é muito útil para trabalhar conteúdos atitudinais, uma vez que oferece aos alunos a oportunidade de vivenciar situações que facilitam a internalização desse tipo de conteúdo. Mas também pode ser usado para melhorar a compreensão de eventos literários, históricos ou científicos.

Quanto à simulação como estratégia formativa, cabe dizer que é uma das formas mais antigas utilizadas pela humanidade. O jogo simbólico, seja para treinar tarefas do campo ou artesanais, para a vida doméstica, para a caça ou a guerra, tem sido um dos meios usados por todas as civilizações. Hoje, apresenta-se de duas maneiras como método de ensino: *situacional* (muito próxima do *role-playing*) e *tecnológica*.

O modelo situacional corresponderia à descrição de Josefina Martín Luís (1992):

> Os programas de simulação, demonstração e jogos heurísticos cumprem a função de verificação de hipóteses e tomada de decisão por meio da descoberta e análise de resultados. Nesses programas, o método seria indutivo, em função da observação, hipótese e experimentação, e dedutivo, quanto à evolução dos resultados como consequência das variações dos parâmetros.

Nessa perspectiva *situacional*, a simulação consiste em colocar os alunos diante de uma condição ou contexto que imite aspectos relevantes da realidade e desenvolva, nesse ambiente, situações-problema ou exigências próprias da disciplina e que requerem que o aluno desenvolva a competência que está sendo objeto de desenvolvimento e avaliação (SALAS PEREA; ARDANZA ZULUETA, 1995).

A perspectiva *tecnológica* das simulações está relacionada ao uso de sistemas tecnológicos que permitem *treinamento* do uso de dispositivos sem perigo (p. ex., simuladores de voo), bem como à atuação em determinadas situações e em condições artificiais (dada a impossibilidade de ser realizada em situações reais) e nas quais, portanto, o erro é aceitável.

Em 1929, Edward Link recebe sua primeira patente de simulador de voo nos Estados Unidos. Em meados do século XX, os avanços nos sistemas de processamento de dados e reconstruções tridimensionais, junto com o conhecimento em cibernética, permitem o desenvolvimento de uma ampla variedade de simulações em diversos campos, como ciências da saúde, engenharia ou ciências sociais. Nos anos 1970, seu uso é estendido no campo dos recursos humanos, junto com a nova abordagem para o gerenciamento de competências.

Finalmente, podemos situar seu uso no mundo educacional nos anos 1990, na mesma época da introdução dos computadores nas escolas. Esses programas ou jogos de simulação, baseados em uma série de decisões que os alunos devem tomar, permitem observar e registrar seu desempenho e obter uma estimativa do nível de desenvolvimento das competências que estão sendo trabalhadas.

Descrição da sequência de ensino-aprendizagem

Fases da sequência de ensino-aprendizagem do *role-playing*

O método mantém a estrutura do psicodrama: aquecimento (inespecífico e específico), dramatização e comentário em grupo.

As fases da sequência de ensino-aprendizagem são as seguintes:

Métodos para ensinar competências **141**

1. Motivação ou apresentação do assunto a ser tratado

Cria-se o clima necessário em sala de aula e desperta-se o interesse pelo assunto a ser tratado (a proposta do corpo docente, dos alunos ou dos pais). A partir daqui, os voluntários que querem realizar a dramatização manifestam-se ou são escolhidos aleatoriamente ou pelo corpo docente.

2. Preparação para a dramatização

Os alunos se familiarizam com o conflito que será representado, os personagens, o contexto e todos os dados fornecidos para representar o caso. A informação pode ser entregue por escrito aos diferentes alunos, que preparam o seu papel antes de representá-lo. O restante dos alunos adotará o papel de observadores.

3. Dramatização

Uma vez internalizados seus respectivos papéis, os alunos devem realizar a dramatização, atuando e dialogando com o restante dos participantes, de acordo com as características de cada personagem.

4. Debate/análise em grupo

Nessa fase, serão analisados o problema tratado, as atitudes e os comportamentos mostrados, as ações realizadas e as soluções alcançadas.

Fases da sequência de ensino-aprendizagem da simulação

Embora não haja uma sequência clara na aplicação original do método, as fases genéricas seguidas para sua aplicação na sala de aula são as seguintes:

1. Preparação

Com base nos conhecimentos prévios dos alunos, é apresentado um modelo de fácil compreensão, ou os resultados são conhecidos *a priori*. Isso iniciará a sequência, com simulações de pequenos sistemas, modelos ou circuitos que são rápidos de projetar, já que as simulações não são improvisadas. As características do aluno participante e do ambiente de aprendizagem devem ser analisadas para, em seguida, selecionar (ou projetar, caso seja factível para a escola) as situações ou os modelos, para que sejam o mais próximos possível da realidade.

2. Introdução

A situação a ser simulada é apresentada e os alunos se familiarizam com as instruções, os dados do caso e os materiais disponíveis. Pode ser necessário treinar ou ensaiar antes da simulação.

3. Aplicação ou interação

Os alunos realizam ações, individualmente ou em grupos, até atingirem um resultado. Esses processos podem ser repetidos várias vezes.

4. Avaliação

Por fim, são avaliados o sucesso do resultado e também os passos realizados no processo de desenvolvimento do jogo.

Fundamentação teórica

Função social: objetivos de aprendizagem

Em relação ao *role-playing*, o objetivo de aprendizagem consiste, basicamente, no desenvolvimento da perspectiva social e da empatia.

Como afirma Rajadell (2001), o *role-playing* consiste na representação de uma situação-problema social que deve ser apropriada por meio da recreação pessoal, concentrando-se nas seguintes características principais:

- Provoca a aceitação de uma identidade diferente, por meio da representação de um papel distinto daquele desempenhado no dia a dia.
- Facilita a compreensão do papel, das crenças e das atitudes de outra pessoa.
- Estimula o envolvimento e a participação pessoal.
- Dá origem a uma expressão emocional aberta que facilita o diálogo, tornando-o mais fluido e positivo.
- Facilita a identificação de problemas interpessoais e a busca de soluções comuns.
- Desenvolve a aprendizagem cooperativa.

Como consequência, as competências que desenvolve estão relacionadas principalmente ao âmbito interpessoal, sendo útil para o exercício de habilidades sociais e para a promoção da autonomia do aluno nesse tipo de situação.

Em relação à simulação, ou jogos de simulação, é possível dizer que, diferentemente do *role-playing*, tem uma função mais social, devido à sua forte carga afetiva, e um propósito mais técnico, já que sua função fundamental é o domínio de ações e processos. No entanto, também podemos enquadrar nesse método exercícios de simulação que exigem interação com outras pessoas. O principal objetivo do método é a exercitação e a reflexão que ocorrem na obtenção dos resultados das ações realizadas.

O uso de simulações costuma estar ligado a um suporte tecnológico, em geral um computador com *software* específico, que favorecerá a aquisição de competências transversais como a tomada de decisão, a autonomia e o desenvolvimento do pensamento sistêmico (ao entender como intervir nos sistemas complexos); de competências técnicas, como a manipulação de instrumentos; e de habilidades linguísticas, matemáticas ou científicas.

Concepção da aprendizagem: princípios psicopedagógicos

Tanto o *role-playing* como a simulação são métodos que garantem a motivação e a atitude favorável em relação à aprendizagem e sua funcionalidade. A atividade mental gerada em ambos, embora com características diferentes, manifesta-se no *role-playing* nos processos em que se assume a situação e os personagens e no processo de tirar conclusões, e em todas as fases da simulação, incluindo a fase final.

Cabe destacar o componente afetivo do método do *role-playing*, que facilita o desenvolvimento da empatia no aluno, ao ter de se colocar e atuar em diferentes posições ou interesses que compõem o mesmo caso ou situação. O componente lúdico das simulações, baseado em uma situação complexa, possibilita o estabelecimento de estratégias de resposta concretas que permitem o exercício de habilidades específicas.

A simulação permite aprender a partir da experiência, facilitando a compreensão e a integração de sistemas complexos. No caso em que o método usa aplicativos de computador, o simulador permite compreender realidades sistêmicas, complexas e dinâmicas, pois propicia que os alunos se concentrem no gerenciamento de conceitos, relegando os cálculos e a mecânica ao simulador. Desse modo, é favorecida a mudança de esquemas mentais necessários para a aprendizagem.

144 Zabala & Arnau

Outra vantagem do método é que ele possibilita um ambiente seguro para o treino de habilidades, podendo-se utilizar uma variedade de cenários e repetir procedimentos quantas vezes forem necessárias até que se alcance seu domínio. Portanto, atenderia ao requisito de exercitação sistemática, com diversos níveis de dificuldade, dependendo dos diferentes ritmos de aprendizagem.

Da mesma forma, dispor de uma resposta imediata às execuções ou à tomada de decisão pode favorecer a autoestima e, com isso, a motivação dos alunos. Por sua vez, o conhecimento contínuo sobre os erros e os acertos permite o processo de autorreflexão sobre a própria aprendizagem.

Análise e atualização

As aprendizagens realizadas por meio do *role-playing* e da simulação são totalmente relacionadas às competências. Todos os conteúdos trabalhados fazem sentido para os alunos e são aplicados em situações que simulam a realidade. No entanto, para que possam ser considerados métodos para a programação de uma unidade de ensino completa, são necessárias a inclusão e a ampliação de suas fases iniciais. Embora não seja esse o caso, são técnicas ou atividades muito apropriadas como meio de ampliar as conclusões de uma pesquisa ou de um projeto de trabalho; no caso do *role-playing*, em qualquer outro método globalizado, e, no caso das simulações, para o trabalho sistemático de alguns procedimentos ou para a generalização de alguns conceitos.

A partir da aplicação do conhecimento sobre a aprendizagem, reformulamos as fases de tal forma que o processo metacognitivo é reforçado, acrescentando a explicação dos propósitos e do processo a ser seguido, a ênfase na participação da busca de alternativas, a avaliação contínua e a aplicação em outras situações que possibilitem a capacidade de transferir o que foi aprendido.

No Quadro 9.1, podemos comparar as fases do *role-playing* e da simulação e as fases para o ensino de competências.

Métodos para ensinar competências **145**

QUADRO 9.1. Fases dos métodos de *role-playing* e simulação e fases para o ensino das competências: comparação e proposta de atualização

Fases para o ensino das competências	Fases do *role-playing*	Fases da simulação
1. Estabelecimento dos objetivos. 2. Apresentação motivadora da situação em sua complexidade. 3. Revisão dos conhecimentos prévios.	1. Apresentação motivadora. 2. Descrição da situação de conflito. 3. Compartilhamento de papéis.	1. Apresentação motivadora da situação sobre a qual se deve agir. 2. Descrição dos elementos envolvidos na situação sobre a qual se deseja agir.
4. Identificação e explicitação dos diferentes problemas ou questões levantadas em função da situação. 5. Delimitação do objeto de estudo (e concretização do produto final, quando apropriado). 6. Elaboração de hipóteses ou suposições. 7. Definição das estratégias de pesquisa, comparação ou aplicação para comprovar as hipóteses anteriores. 8. Realização da pesquisa, da comparação ou da aplicação. 9. Seleção de dados relevantes em relação à situação-problema inicial e comprovação das hipóteses iniciais. 10. Comunicação do processo seguido e das informações obtidas.	4. Análise da situação e das diferentes alternativas comportamentais (dependendo do papel atribuído). 5. Avaliação pessoal da implicação de cada alternativa. 6. Definição de possíveis padrões de comportamento (de acordo com o papel atribuído). 7. Dramatização da situação, aplicando as decisões tomadas na análise anterior.	3. Identificação das variáveis que seguem ou podem seguir cada um dos elementos envolvidos. 4. Desenvolvimento de tomada de decisão e auxílio informativo/ formativo para cada um dos passos a seguir. 5. Execução das decisões tomadas e experimentação.

(Continua)

(Continuação)

Fases para o ensino das competências	Fases do *role-playing*	Fases da simulação
11. Integração e visão global ampliada. 12. Descontextualização e teorização sobre as aprendizagens realizadas. 13. Metacognição sobre o processo e o resultado: autoavaliação. 14. Estratégias de memorização e exercitação.	8. Reflexão sobre a dramatização. 9. Estabelecimento dos princípios gerais de atuação (com base na posição pessoal). 10. Aplicação em outras situações.	6. Análise e autoavaliação do processo seguido e de cada um dos passos dados. 7. Realização de novas simulações aumentando o grau de dificuldade (maior complexidade das variáveis e menos ajuda). 8. Generalização, conclusões e encerramento.

Role-playing e simulações: exemplos

O MERCADO
NÍVEL DE ENSINO: Anos iniciais do ensino fundamental
ÁREAS: Biologia, ciências sociais, matemática e língua inglesa

Competência-alvo: simular o funcionamento de um mercado, com base na representação de clientes e vendedores, utilizando a língua inglesa, para dominar o vocabulário necessário em uma situação de compra e venda.

Metodologia: propõe-se um *role-playing* em que os alunos devem atuar como clientes e vendedores para, assim, poderem praticar as estruturas de vocabulário e gramática trabalhadas em língua inglesa.

FASE INICIAL

Estabelecimento dos objetivos

O professor proporá que os alunos aprendam a se comunicar em inglês em uma situação cotidiana. Da mesma forma, compartilhará com eles toda a aprendizagem que terão a oportunidade de realizar em diferentes disciplinas e os critérios de avaliação.

Métodos para ensinar competências **147**

Apresentação motivadora da situação em sua complexidade
A partir de um vídeo em que pessoas diferentes são vistas no mercado de Camden, em Londres, o professor pergunta aos alunos se eles gostariam de ir até lá e comprar alguns dos itens que viram no vídeo.
Revisão dos conhecimentos prévios
Nós saberíamos comprar esses itens? Saberíamos perguntar quanto custam? Como se chamam os itens vistos no vídeo? Sabemos quanto uma libra vale em reais?
Identificação e explicitação dos diferentes problemas ou questões levantadas em função da situação
Depois de assistir ao vídeo, os alunos percebem que não é fácil fazer compras falando em inglês. Há muito vocabulário que não conhecem, e o cálculo em libras é complicado. O professor pedirá que façam uma lista das palavras vistas que são necessárias e que não conhecem, bem como das principais perguntas que deveriam saber formular.
Delimitação do objeto de estudo (e concretização do produto final, quando apropriado)
Nesse momento, o professor pedirá que os alunos planejem um mercado em que tenham de representar diferentes personagens (clientes e vendedores de itens diferentes) para assim conseguir simular o processo de compra e venda visto no vídeo.
FASE DE DESENVOLVIMENTO
Elaboração de hipóteses ou suposições
Os alunos prepararão um roteiro com o vocabulário e as frases que julgarem necessárias. Eles devem ser capazes de comprar e vender, levando em consideração o preço dos itens, possíveis descontos, o nome dos itens, sua função, etc.

148 Zabala & Arnau

Definição das estratégias de pesquisa, comparação ou aplicação para comprovar as hipóteses anteriores
Os alunos elaborarão um roteiro com o vocabulário e o procurarão no dicionário, com o auxílio do professor. Além disso, o professor fornecerá diversas estruturas que os ajudarão a fazer as perguntas e dar respostas gerais. Em matemática, os alunos verão a equivalência entre libras e reais, mas na representação os preços serão calculados em reais. Além disso, para que seja mais convincente, os alunos levarão itens diferentes que tenham em casa e farão cartazes onde serão vistos alguns preços ou os nomes das coisas, para facilitar o processo de comunicação.
Realização da pesquisa, da comparação ou da aplicação
Os alunos prepararão a sala de aula representando o mercado, com os diferentes itens que trouxeram de casa. Nesse ponto, diferentes alunos atuarão como vendedores e outros como compradores. O professor observará e ajudará os alunos quando necessário.
Seleção de dados relevantes em relação à situação-problema inicial e comprovação das hipóteses iniciais
Quando a atividade é concluída, os alunos percebem que eles conseguiram representar um processo de compra e venda, mas que ainda falta vocabulário importante. Em um debate, vão mostrar o que foi mais complicado e no que tiveram mais dificuldades.
Comunicação do processo seguido e das informações obtidas
Os alunos prepararão uma história em quadrinhos, em grupos de quatro, nos quais desenharão diferentes diálogos que surgiram durante a apresentação.
Descontextualização e teorização sobre as aprendizagens realizadas
O objetivo da atividade era adquirir vocabulário relacionado a situações cotidianas, como uma ida ao mercado, que o professor expandirá nesse momento.

Métodos para ensinar competências **149**

FASE DE SÍNTESE
Integração e visão global ampliada
Os alunos refletiram sobre a atividade realizada, mas o professor proporá uma nova atividade na qual eles terão de simular um diálogo em uma loja de roupas, uma feira de hortifrutigranjeiros, uma farmácia e uma loja de brinquedos. Verão que as estruturas gramaticais que aprenderam servem da mesma forma, mas o vocabulário foi enriquecido nas fases posteriores ao mercado.
Metacognição sobre o processo e o resultado: autoavaliação
Os alunos revisarão o processo seguido, como identificaram o vocabulário de que necessitavam, como o praticaram, como detectaram novas necessidades e como, finalmente, conseguiram aprendê-lo.
Estratégias de memorização
Após a síntese, o professor estabelecerá uma oficina para continuar aplicando os conhecimentos e procedimentos adquiridos. Além disso, ele irá recuperá-los nas unidades posteriores, para facilitar a memorização.

COMO FUNCIONA UM PARAQUEDAS? NÍVEL DE ENSINO: Ensino médio ÁREAS: Física e matemática
Competência-alvo: simular o processo de funcionamento de um paraquedas, a partir de um programa de computador, para entender as leis da física newtoniana.
Metodologia: propõe-se uma simulação na qual os alunos analisarão como a queda dos objetos acontece na presença de atmosfera, levando em consideração os conceitos da física newtoniana.
FASE INICIAL
Estabelecimento dos objetivos
O professor proporá aos alunos o estudo de objetos que caem (na presença de atmosfera) e os fará refletir sobre o papel do peso, da força de atrito e da força total em movimento. O professor também compartilhará com os alunos toda a aprendizagem que terão a oportunidade de realizar em diferentes disciplinas e os critérios de avaliação.

Apresentação motivadora da situação em sua complexidade
Apresentaremos aos alunos um vídeo de uma pessoa pulando de paraquedas. Alguém já pulou? Sabem que não se cai diretamente no chão? Como funciona o paraquedas?

Revisão dos conhecimentos prévios
O professor fará uma série de perguntas aos alunos para garantir que eles dominam o conhecimento prévio necessário para entender o conceito de *força total em movimento*. O repouso é o estado natural dos corpos? Em que condições um corpo mantém sua velocidade constante? Quais são as forças envolvidas em movimentos específicos?   Em seguida, o professor demonstrará uma queda com balões de diferentes volumes e pesos. Desenhará no quadro os balões e as forças envolvidas, pedindo ajuda aos alunos. No quadro, representará de forma qualitativa o gráfico v (t) para diferentes balões. Será dada ênfase ao uso de velocidades negativas para indicar que o balão cai.

Identificação e explicitação dos diferentes problemas ou questões levantadas em função da situação
Após as perguntas anteriores, os alunos já terão visto que as forças desempenham um papel importante no funcionamento do paraquedas. Agora, diferentes questões surgirão: com mais peso, o paraquedas cai mais rápido? O vento terá algum efeito sobre a queda? O que mais afeta o movimento do paraquedas? Qual é o papel da força total no movimento?

Delimitação do objeto de estudo (e concretização do produto final, quando apropriado)
O professor pedirá que os alunos realizem uma simulação sobre a queda de alguns balões, com um programa de computador, a fim de analisar as questões que surgiram.[3]

FASE DE DESENVOLVIMENTO

Elaboração de hipóteses ou suposições
Os alunos considerarão diferentes hipóteses sobre o que faz um corpo não cair diretamente no chão. Entre elas, vão observar se a força de atrito é a responsável por isso.

---

[3] INTRODUCCIÓN conceptual a la Física Newtoniana. [2010?]. Disponível em: www.fisica-conceptual.net/invitado/index.html. Acesso em: 30 set. 2019.

Métodos para ensinar competências **151**

Definição das estratégias de pesquisa, comparação ou aplicação para comprovar as hipóteses anteriores
Os alunos observarão o efeito que a força resultante provoca no movimento e qual é o efeito do atrito. Além disso, comprovarão se os corpos com mais peso demoram mais para cair. Por fim, observarão o efeito que a variação da força de atrito tem sobre o movimento.
Realização da pesquisa, da comparação ou da aplicação
Os alunos realizarão uma simulação na qual poderão manipular dados diferentes, como massa e diâmetro, para ver em um gráfico a diferença de velocidade ao cair.
Seleção de dados relevantes em relação à situação-problema inicial e comprovação das hipóteses iniciais
Qual é o papel da força aplicada ao movimento em situações em que não há atrito? Qual o papel da massa no movimento? No vácuo, por que corpos com massas diferentes caem ao mesmo tempo? Quais leis descrevem a relação entre força e movimento?
Comunicação do processo seguido e das informações obtidas
Os alunos prepararão um relatório sobre os dados obtidos no experimento.
Descontextualização e teorização sobre as aprendizagens realizadas
O professor revisará nesse momento a lei da inércia, a segunda lei de Newton e a lei da gravitação universal.
FASE DE SÍNTESE
Integração e visão global ampliada
Após a experiência, vamos oferecer uma nova simulação para entender melhor o funcionamento das forças trabalhadas, a partir da análise de diferentes movimentos de um carro. A ideia é comprovar se os alunos conseguem interpretar corretamente a relação entre a força aplicada, a força de atrito, a força total e o movimento do carro em diferentes situações.

Metacognição sobre o processo e o resultado: autoavaliação
Os alunos revisarão o processo seguido, como foram capazes de construir diferentes hipóteses e comprová-las, graças às simulações realizadas. Eles podem ter esclarecido equívocos anteriores, por exemplo, de que os corpos sempre caem mais rápido se pesarem mais e que as diferentes forças que afetam um corpo em movimento podem variar sua trajetória.
Estratégias de memorização
Os conceitos trabalhados serão reforçados a partir de diferentes exercícios que o professor proporá em uma oficina específica, depois de terem completado a sequência anterior.

ENTREVISTA DE TRABALHO
NÍVEL DE ENSINO: Ensino médio
ÁREAS: Linguagens, ciências sociais, tutoria e educação para a cidadania

Competência-alvo: realizar uma entrevista de emprego, a partir da reflexão sobre suas próprias capacidades e áreas a serem melhoradas, para potencializar as estratégias de busca de emprego.

Metodologia: propõe-se um *role-playing* em que os alunos podem simular a entrevista e detectar os pontos fortes e fracos que permitirão melhorar suas estratégias de busca de emprego.

FASE INICIAL

Estabelecimento dos objetivos

O professor pedirá que os alunos realizem uma entrevista de emprego, preparando as principais perguntas geralmente feitas e exercitando habilidades de comunicação que facilitarão a integração no mercado de trabalho.

O professor também compartilhará com os alunos toda a aprendizagem que terão a oportunidade de realizar em diferentes disciplinas e os critérios de avaliação.

Apresentação motivadora da situação em sua complexidade

O professor vai passar um vídeo de uma entrevista de emprego com um jovem que não se expressa muito bem, já que leva muito tempo para responder a algumas perguntas e a outras responde desviando do assunto. Além disso, passa boa parte da entrevista olhando para o chão, não aperta a mão do entrevistador, não mostra um objetivo profissional claro nem muito interesse no trabalho, etc.

Métodos para ensinar competências **153**

Revisão dos conhecimentos prévios
O professor fará uma série de perguntas para analisar a entrevista: O que achamos que um entrevistador avalia? O menino do vídeo se expressou corretamente? O vocabulário que usou era adequado? Ele foi claro e coerente em suas respostas?
Identificação e explicitação dos diferentes problemas ou questões levantadas em função da situação
Depois de assistir à entrevista, vamos observar que existem diferentes pontos nos quais o menino do vídeo deve melhorar. Agora, a pergunta é como nós faríamos isso. O professor pedirá que os alunos escolham um anúncio no jornal ou na internet ao qual eles acham que poderiam se candidatar. Eles sabem quais tipos de trabalho poderiam fazer ou gostariam de fazer? Eles saberiam agir em uma entrevista de emprego?
Delimitação do objeto de estudo (e concretização do produto final, quando apropriado)
O professor pedirá que os alunos representem uma entrevista de emprego com base nos anúncios que viram. Eles conduzirão a entrevista em duplas, durante 5 minutos cada uma. No total, haverá oito duplas (um membro será o entrevistado, e o outro, o entrevistador). Os demais colegas serão observadores.
FASE DE DESENVOLVIMENTO
Elaboração de hipóteses ou suposições
O professor proporá aos alunos que preparem um roteiro com as possíveis respostas para as perguntas que viram no vídeo (isso facilitará as perguntas).
Definição das estratégias de pesquisa, comparação ou aplicação para comprovar as hipóteses anteriores
Os alunos prepararão o roteiro levando em consideração os erros que viram no vídeo inicial. Além disso, decidem buscar informações sobre algumas das perguntas que não sabem responder, especialmente aquelas relacionadas ao mercado de trabalho, ao setor que escolheram e às funções que deveriam desempenhar.
Realização da pesquisa, da comparação ou da aplicação
Os alunos representarão a entrevista que prepararam, tentando dar respostas claras e coerentes, com um vocabulário correto e uma atitude profissional.

Seleção de dados relevantes em relação à situação-problema inicial e comprovação das hipóteses iniciais
Os alunos analisarão os diferentes diálogos que representaram e verão que há aspectos que podem ser corrigidos ou melhorados. Seguindo um modelo fornecido pelo professor, avaliarão os diferentes aspectos relacionados à comunicação verbal e não verbal.
Comunicação do processo seguido e das informações obtidas
Os alunos efetuarão uma avaliação das entrevistas realizadas em grupos, fazendo uma análise construtiva dos diferentes aspectos trabalhados.
Descontextualização e teorização sobre as aprendizagens realizadas
Após a realização das entrevistas, o professor refletirá sobre os aspectos que são avaliados ao selecionar funcionários nas empresas, captando a necessidade de se expressar corretamente, saber o que podemos oferecer e como vender nossos pontos fortes, mostrar confiança, clareza e entusiasmo, etc.
FASE DE SÍNTESE
Integração e visão global ampliada
O professor mostrará aos alunos um novo vídeo no qual devem avaliar um novo candidato. Ele pedirá que levem em consideração os diferentes aspectos analisados na discussão anterior.
Metacognição sobre o processo e o resultado: autoavaliação
Os alunos revisarão o processo seguido, como avaliaram o desempenho do primeiro entrevistado, como analisaram o que eles tinham de melhorar e como se sentiram com a experiência. Agora eles têm mais clareza sobre o que é solicitado no mundo do trabalho e quais os pontos que precisam trabalhar para facilitar sua inserção laboral.
Estratégias de memorização
O professor recordará a experiência realizada em outros assuntos relacionados ao mundo do trabalho, à comunicação verbal e não verbal, ao autoconhecimento ou à motivação.

10

APRENDIZAGEM-SERVIÇO

Origem

William James (1842-1910) é considerado o precursor da *aprendizagem- -serviço*. James, em uma palestra proferida em 1906 na Stanford University, propôs que o serviço civil para a sociedade poderia ser "o equivalente moral da guerra". A ideia era redirecionar os valores positivos (coragem, senso de pertencimento, cooperação, etc.) que o militarismo introduziu nos jovens rumo a uma abordagem pacifista a qual permitisse um serviço civil que continuasse perpetuando-os.

Outro ideólogo da aprendizagem-serviço foi John Dewey. Em seu livro *Schools of tomorrow*, de 1915, além da ideia de aprender fazendo e da atividade intelectual e moral, o autor defende uma atividade que se enquadra na vida em comunidade e que é inclusive realizada para melhorar seu bem-estar.

A aprendizagem-serviço também está relacionada ao escotismo, movimento fundado por Robert Baden-Powell (1857-1941):

> A palavra "escotismo" passou a significar um método para formar o cidadão por meio de jogos que se adaptam à natureza da infância. O escotismo é um jogo de crianças, dirigido por elas mesmas, e no qual os irmãos mais velhos proporcionam aos menores um ambiente saudável e os estimulam a se render àquelas atividades saudáveis que propiciam o despertar das virtudes da cidadania. Seu estímulo mais forte é o estudo da natureza e da vida nas florestas. (BADEN-POWELL, 1922).

156 Zabala & Arnau

O escotismo enfatiza atividades recreativas com objetivos educacionais, atividades ao ar livre e serviço comunitário, a fim de formar o caráter e ensinar os valores humanos de uma maneira prática.

Atualmente, como um método para a escola, podemos definir a aprendizagem-serviço a partir do National and Community Service Trust Act, aprovado pelo Congresso Americano em 1990:

> Método pelo qual estudantes ou participantes aprendem e se desenvolvem por meio da participação em um serviço cuidadosamente organizado, que é realizado em uma comunidade e dirigido a satisfazer as necessidades dessa comunidade. É coordenado com uma escola de ensino fundamental ou médio, com uma instituição de ensino superior ou um programa de serviço comunitário e com a própria comunidade. Ajuda a promover a consciência dos deveres cívicos. Integra-se ao currículo acadêmico dos alunos, reforçando-o, ou em componentes educacionais do programa de serviço comunitário que os participantes integram. E fornece um tempo estruturado para que os alunos ou participantes reflitam sobre a experiência do serviço comunitário.

A aprendizagem-serviço reúne em uma única atividade a aprendizagem de competências e a realização de tarefas de serviço à comunidade. Ela parte da ideia de que a ajuda mútua é um mecanismo de progresso pessoal, econômico e social melhor do que a perseguição obsessiva do lucro individual. Conecta o compromisso cívico com a aprendizagem curricular e combina processos de aprendizagem e de serviço comunitário em um único projeto articulado.

Trata-se de uma estratégia que integra serviços comunitários com ensino, pesquisa e reflexão, visando a otimizar a aquisição de conhecimentos e competências, a apropriação de valores e virtudes cívicas e, finalmente, fortalecer a comunidade e contribuir para resolver seus problemas.

Na aprendizagem-serviço, tanto a aprendizagem quanto o serviço comunitário devem ter o mesmo peso e a mesma importância. No caso de prevalecer a aprendizagem, falaríamos de trabalho de campo; no caso de prevalecer o serviço, falaríamos de trabalho voluntário. É importante que haja um equilíbrio entre as duas partes, para diferenciar essa metodologia das outras duas mencionadas.

Métodos para ensinar competências **157**

Descrição da sequência de ensino-aprendizagem

A aprendizagem-serviço deve consistir em uma atividade autêntica que permita aprender e colaborar em um quadro de reciprocidade; que permita a aprendizagem de competências para a vida e o desenvolvimento pessoal, ao mesmo tempo em que melhora o ambiente da comunidade.

A National Service Learning Clearinghouse (NSLC) (*apud* PUIG *et al.*, 2006) a define como: "Abordagem de ensino e aprendizagem que integra o serviço comunitário com o estudo acadêmico para enriquecer a aprendizagem, transmite a responsabilidade cívica e reforça a comunidade".

Fases da sequência de ensino-aprendizagem

Em uma proposta de Puig *et al.* (2006), as fases da aprendizagem-serviço são especificadas da seguinte forma:

1. Como iniciar um projeto: O que fazer? Em qual espaço curricular colocá-lo? Que tipos de conexões estabelecer?
2. Reconhecer necessidades.
3. Buscar patrocinadores.
4. Pensar em um serviço.
5. Prever aprendizagens.
6. Promover a participação.
7. Elaborar um plano e aplicá-lo.
8. Refletir sobre a experiência.
9. Comemorar os resultados.
10. Melhorar o projeto.

Por outro lado, Campo (2009) distingue as seguintes fases:

1. Preparação

Nessa fase, a análise do ambiente é realizada: quais necessidades encontramos nele? Que ideia surge para colaborar na sua melhoria?

Além disso, a definição do projeto é feita: como será? Quais ações são definidas? Quais objetivos educacionais definimos? O que vamos aprender em seu desenvolvimento? De quais recursos precisamos? Com quais agentes vamos colaborar? Em que momento?

Também são estabelecidos os acordos com a entidade colaboradora.

2. Execução

Com base nas necessidades reais encontradas, o projeto acaba de ser definido. Depois de ser delimitado, organizam-se as diferentes tarefas, as responsabilidades de cada um, o tempo de dedicação, etc., e reflete-se sobre a aprendizagem da experiência.

Essa fase inclui:

- A execução das tarefas planejadas.
- O acompanhamento do projeto de aprendizagem-serviço e a reflexão sobre as aprendizagens realizadas.
- A comunicação e divulgação do projeto.

3. Avaliação

A última fase é a avaliação geral do projeto. Os educadores devem dedicar tempo para refletir criticamente sobre o projeto como um todo: o grupo de estudantes e cada um deles; seu trabalho, participação, envolvimento e aprendizagem; o trabalho em rede, suas possibilidades e seus limites; o relacionamento com a entidade na qual o serviço foi realizado; contribuições e inconvenientes surgidos; o próprio projeto e a realização de todas as suas fases e nosso papel como guias e educadores.

Fundamentação teórica

Vejamos a seguir quais competências essa metodologia favorece e quais princípios psicopedagógicos sobre a aprendizagem ela promove.

Função social: objetivos de aprendizagem

A principal função da metodologia de aprendizagem-serviço está no atendimento à comunidade dos alunos, com o objetivo de influenciá-la para melhorá-la. Como afirma Campo (2009):

> Esse tipo de projeto vê a cidadania como a participação das pessoas na busca do bem comum. Assim, pretende-se que os jovens sejam treinados na participação da vida pública e compreendam seu papel nessas questões como relevante e importante ao longo de sua vida. Por essa razão, os projetos de aprendizagem-serviço surgem da intervenção em certas necessidades reais do entorno, a fim de melhorá-lo, ao mesmo tempo em que se aprende e se adquirem valores próprios de uma cidadania ativa.

Métodos para ensinar competências **159**

Concepção da aprendizagem: princípios psicopedagógicos

A natureza dos projetos de aprendizagem-serviço entende a educação para a cidadania por meio da vivência e da aprendizagem experiencial.

Para diferenciar a metodologia da aprendizagem-serviço da realização de trabalho voluntário, devemos dedicar tempo e espaço à aprendizagem para que seja rigorosa, cuidadosa e significativa e para que os alunos estejam cientes dessas aprendizagens.

Análise e atualização

Partindo das fases antes descritas e com o objetivo de adaptar a sequência a uma formação em competências para a vida, de acordo com os princípios explicados sobre os processos de aprendizagem, faremos uma proposta de atualização contrastando as fases propostas para o ensino de competências e as fases da aprendizagem-serviço (Quadro 10.1).

QUADRO 10.1. Fases do método de aprendizagem-serviço e fases para o ensino das competências: comparação e proposta de atualização

Fases para o ensino das competências	Fases da aprendizagem-serviço	Atualização
1. Estabelecimento dos objetivos. 2. Apresentação motivadora da situação em sua complexidade. 3. Revisão dos conhecimentos prévios.	1. Análise do ambiente e das necessidades reais encontradas. 2. Definição do projeto a ser realizado. 3. Estabelecimento dos acordos com a entidade colaboradora.	Embora na aprendizagem-serviço insista-se na necessidade de planejamento, sistematização e conscientização das aprendizagens, devemos acrescentar às fases que descrevemos as atividades necessárias para exercitar o conteúdo procedimental e memorizar o conteúdo factual. Da mesma forma, a reflexão (incluída no modelo) deve ser acompanhada da transferência para outras situações de natureza similar.

(Continua)

160 Zabala & Arnau

(Continuação)

Fases para o ensino das competências	Fases da aprendizagem-serviço	Atualização
4. Identificação e explicitação dos diferentes problemas ou questões levantadas em função da situação. 5. Delimitação do objeto de estudo (e concretização do produto final, quando apropriado). 6. Elaboração de hipóteses ou suposições. 7. Definição das estratégias de pesquisa, comparação ou aplicação para comprovar as hipóteses anteriores. 8. Realização da pesquisa, da comparação ou da aplicação. 9. Seleção de dados relevantes em relação à situação-problema inicial e comprovação das hipóteses iniciais. 10. Comunicação do processo seguido e das informações obtidas.	4. Planejamento do projeto. 5. Execução e acompanhamento. 6. Comunicação e divulgação do projeto.	É importante que os alunos participem ativamente na definição do projeto, bem como na busca de informações relevantes para a realização da aprendizagem-serviço, identificando áreas de atuação e recursos. Além disso, os aspectos procedimentais e factuais precisam ser reforçados em novas oficinas que estimulem a memorização. Por fim, é necessário propor atividades que ajudem na descontextualização e generalização.

(Continua)

Métodos para ensinar competências **161**

(Continuação)

Fases para o ensino das competências	Fases da aprendizagem-serviço	Atualização
11. Integração e visão global ampliada. 12. Descontextualização e teorização sobre as aprendizagens realizadas. 13. Metacognição sobre o processo e o resultado: autoavaliação. 14. Estratégias de memorização e exercitação.	7. Avaliação geral do projeto. 8. Reflexão sobre as aprendizagens realizadas.	Essa fase é importante para diferenciar a atividade de ensino-aprendizagem do trabalho voluntário, uma vez que, além do sentimento de satisfação pessoal, os alunos devem ter clareza sobre os objetivos de formação que alcançaram. Poderíamos adicionar uma fase final de transferência para outras situações, seja a partir da definição de novos serviços ou por meio de outros instrumentos.

Aprendizagem-serviço: exemplos

DIVERSÃO NO ASILO
NÍVEL DE ENSINO: Anos finais do ensino fundamental
ÁREAS: Ciências sociais, linguagens, música e educação artística

Competência-alvo: apresentar um musical a partir da recriação de um espetáculo escolhido pelo grupo, para fazer companhia e entreter os idosos do bairro.

Metodologia: propõe-se uma aprendizagem-serviço, pois os alunos irão divertir os idosos do bairro ao mesmo tempo em que aprendem a organizar um espetáculo e aplicam conhecimentos de educação artística, música e linguagens.

FASE INICIAL

Estabelecimento dos objetivos

O professor proporá aos alunos que realizem alguma atividade para animar os idosos que estão sozinhos no bairro.

Da mesma forma, compartilhará com eles toda a aprendizagem que terão a oportunidade de realizar em diferentes disciplinas e os critérios de avaliação.

Apresentação motivadora da situação em sua complexidade
A partir da propaganda *Rosas contra el olvido*,[4] o professor perguntará aos alunos o que poderia ser feito para fazer companhia a essas pessoas que estão sozinhas.

Revisão dos conhecimentos prévios
O professor perguntará se os alunos conhecem outras ações ou campanhas como essa. Quais são? Quem as organiza? O que poderíamos fazer para animar as pessoas mais velhas em nosso entorno?

Identificação e explicitação dos diferentes problemas ou questões levantadas em função da situação
No ano anterior, na apresentação de final de ano, muitos avós expressaram seu interesse e o quanto haviam desfrutado do espetáculo que tinham presenciado. Lembrando desse fato, os alunos consideram apresentar uma peça de teatro no asilo do bairro.

Delimitação do objeto de estudo (e concretização do produto final, quando apropriado)
O professor propõe que os alunos se ofereçam para fazer uma peça de teatro no asilo. Ele pede que escolham peças diferentes e que os próprios idosos escolham as que gostariam de ver. O requisito é de que seja uma peça alegre, para animá-los, e decidem que será um musical.

FASE DE DESENVOLVIMENTO

Elaboração de hipóteses ou suposições
Os alunos preparam uma lista de peças de teatro, vão ao asilo apresentar sua proposta e fazem uma enquete para que os idosos escolham a peça a que querem assistir. A peça escolhida é *O rei leão*.

Definição das estratégias de pesquisa, comparação ou aplicação para comprovar as hipóteses anteriores
Os alunos começarão a partir do roteiro do musical fornecido pelo professor. Os papéis serão distribuídos e um plano de trabalho será elaborado para preparar o figurino e o cenário e ensaiar a peça.

---

[4] Para assistir à propaganda, acesse: www.youtube.com/watch?v=N4W6H2dkDSk.

Métodos para ensinar competências **163**

Realização da pesquisa, da comparação ou da aplicação
Os alunos vão ao asilo um dia da semana para preparar o cenário, com a coordenação do asilo e a supervisão do professor de educação artística. Lá, eles vão fazer medições, cortar, pintar, procurar imagens da savana africana para compor o cenário, pesquisar sobre os diferentes animais que aparecem na peça, etc. Quando tiverem as informações, ensaiarão seus papéis na aula de linguagens e prepararão as canções na aula de música.
Seleção de dados relevantes em relação à situação-problema inicial e comprovação das hipóteses iniciais
Quando todo o material estiver pronto, os alunos se prepararão para apresentar o musical. Os idosos irão ao auditório do asilo e apreciarão o espetáculo. Os alunos gravarão o espetáculo, bem como uma entrevista no final com os participantes, para que deem a sua avaliação.
Comunicação do processo seguido e das informações obtidas
Quando a peça estiver concluída, os alunos prepararão uma apresentação usando PowerPoint com fotografias do espetáculo e comentários dos espectadores. Esse material será enviado a outras entidades dedicadas aos idosos, para divulgar o ato e propor sua apresentação.
Descontextualização e teorização sobre as aprendizagens realizadas
O objetivo de toda a experiência é avaliar a necessidade de muitas pessoas idosas de terem companhia e não se sentirem sozinhas. Os alunos refletirão sobre a importância de dedicar uma parte de seu tempo e esforço a essas pessoas ou a outras pessoas próximas que precisam sentir e dar afeto.
FASE DE SÍNTESE
Integração e visão global ampliada
Os alunos refletiram sobre a situação dos idosos em nossa sociedade. Porém, não são apenas essas pessoas que precisam de companhia; também há pessoas doentes, sem família, estrangeiros na mesma situação.
Metacognição sobre o processo e o resultado: autoavaliação
Os alunos revisarão o processo seguido, como ajudaram essas pessoas por um dia, mas também o que aprenderam ao realizar a experiência. Eles pesquisaram a savana africana e os animais, aprenderam novas técnicas plásticas para fazer os cenários e os figurinos, etc.

Estratégias de memorização
Após a síntese, o corpo docente proporá uma oficina em que os alunos poderão continuar aplicando os procedimentos em que trabalharam e continuar desenvolvendo o conhecimento aprendido nos tópicos seguintes de conhecimento do meio ambiente, para falar sobre ecossistemas, espécies de animais, vegetação, etc.

ESTIMULANDO O COMÉRCIO JUSTO
NÍVEL DE ENSINO: Anos finais do ensino fundamental
ÁREAS: Biologia, ciências sociais, matemática e educação artística

Competência-alvo: preparar uma feira na escola com sobremesas e bebidas feitas com produtos de comércio justo, para arrecadar dinheiro para uma ONG e disseminar um modelo de economia sustentável.

Metodologia: propõe-se uma ação de difusão do comércio justo, na qual os alunos compram, cozinham e vendem diversos alimentos para conseguir dinheiro para uma ONG.

FASE INICIAL

Estabelecimento dos objetivos

O professor proporá que poderíamos ajudar a nossa sociedade com envolvimento direto em uma ação de conscientização e arrecadação de fundos.

O professor também compartilhará com os alunos toda a aprendizagem que terão a oportunidade de realizar em diferentes disciplinas e os critérios de avaliação.

Apresentação motivadora da situação em sua complexidade

Na época do Natal, estamos acostumados a ver anúncios e campanhas que nos incentivam a ser mais solidários, mas a solidariedade é necessária apenas no Natal ou durante o ano todo?

Revisão dos conhecimentos prévios

Os alunos receberão perguntas como as seguintes: quais ações vocês conhecem que são realizadas para ajudar as pessoas? Existem entidades ou organizações que trabalham o ano todo para ajudar grupos com necessidades sociais, econômicas, médicas, etc.? Quais são? Como as conheceram?

Métodos para ensinar competências **165**

Identificação e explicitação dos diferentes problemas ou questões levantadas em função da situação
Depois que diferentes organizações humanitárias e entidades sociais que os alunos conhecem forem identificadas, pergunta-se a eles se gostariam de colaborar com alguma. Com qual? Como poderíamos fazer isso? O que acham que podemos fazer para obter fundos para essas causas?
Delimitação do objeto de estudo (e concretização do produto final, quando apropriado)
Os alunos decidirão montar uma feira com diferentes produtos que prepararão a fim de obter fundos para uma ONG que será escolhida entre as diferentes opções identificadas nas fases anteriores.
FASE DE DESENVOLVIMENTO
Elaboração de hipóteses ou suposições
Quando tiverem decidido a ação que desejam realizar, os alunos considerarão como podem participar ativamente, investindo pouco dinheiro, mas motivando as pessoas a comprar seus produtos. Eles decidem passar um dia preparando sobremesas e bebidas diferentes, com produtos de comércio justo, para que possam ser vendidos na hora do café da manhã e no horário da saída, no portão da escola. Assim, alunos, pais, professores e pessoas que passam por lá poderão colaborar.
Definição das estratégias de pesquisa, comparação ou aplicação para comprovar as hipóteses anteriores
Os alunos devem saber quais produtos de comércio justo estão no mercado, onde podem comprá-los e quais receitas saberão preparar para vender. Os alunos pesquisarão quais lojas de comércio justo estão em seu entorno imediato, que produtos vendem e que receitas podem cozinhar.
Realização da pesquisa, da comparação ou da aplicação
Os alunos pesquisam em diferentes *sites* e decidem ir a uma das lojas escolhidas e fazer uma lista dos diferentes produtos. Depois de fazer isso, revisarão diferentes propostas de receita que podem ser preparadas com esses produtos.

Seleção de dados relevantes em relação à situação-problema inicial e comprovação das hipóteses iniciais
A partir da lista de alimentos, os alunos escolhem fazer *muffins* e *brownies*, bem como preparar chá e café de comércio justo. Em seguida, decidem preparar alguns cartazes para decorar a feira e também para anunciar o dia em que vão montá-la.
Quando chegar o dia, os alunos prepararão os produtos e os venderão durante a hora do café da manhã e na saída da aula.
Comunicação do processo seguido e das informações obtidas
Os alunos receberão o dinheiro pelos produtos e elaborarão um mural com as fotos dos produtos que fizeram, a decoração da feira e o dinheiro arrecadado, agradecendo a todos que colaboraram.
Descontextualização e teorização sobre as aprendizagens realizadas
Depois de a atividade ter sido realizada, o professor lembrará que o comércio justo defende a igualdade e a transparência nas relações de trabalho, especialmente os produtores dos países do Sul, para melhorar suas condições de vida. O objetivo da atividade era conseguir dinheiro para a ONG que escolhemos, mas também disseminar em nosso meio as razões para adquirir produtos de comércio justo.
FASE DE SÍNTESE
Integração e visão global ampliada
Após a síntese e reflexão sobre a atividade realizada, o professor proporá uma discussão sobre outras ideias que surgiram durante o processo e que os alunos poderiam realizar, seja na escola, com amigos ou familiares. Trata-se, acima de tudo, de refletir sobre o modelo de consumo vigente e sobre a necessidade de solidarizar-se com as pessoas mais desfavorecidas, sejam elas distantes ou próximas.
Metacognição sobre o processo e o resultado: autoavaliação
Os alunos revisarão o processo seguido, como escolheram o projeto que queriam realizar e a ONG que queriam ajudar. Revisarão se obtiveram êxito e também o que aprenderam com o projeto. Agora eles sabem mais sobre as desigualdades sociais, sobre as diferenças entre países desenvolvidos e em desenvolvimento, sobre as relações no trabalho e as condições de vida dessas pessoas.

Métodos para ensinar competências **167**

Estratégias de memorização
O professor lembrará o que foi trabalhado nos tópicos subsequentes de geografia e história, bem como ao trabalhar nutrição, direitos humanos, movimento operário, etc.

AJUDANDO A APRENDER UMA LÍNGUA
NÍVEL DE ENSINO: Ensino médio
ÁREAS: Espanhol, ciências sociais, tutoria e educação para a cidadania

Competência-alvo: reforçar e refletir sobre o próprio conhecimento da língua, a partir do ensino de espanhol a imigrantes, para melhorar a integração desse grupo.

Metodologia: propõe-se uma aprendizagem-serviço a partir do ensino de espanhol para imigrantes.

FASE INICIAL

Estabelecimento dos objetivos

O professor perguntará aos alunos se acham que seriam capazes de ensinar outras pessoas. Vocês gostariam de verificar sua capacidade de ensinar?

Da mesma forma, compartilhará com eles toda a aprendizagem que terão a oportunidade de realizar em diferentes disciplinas e os critérios de avaliação.

Apresentação motivadora da situação em sua complexidade

O professor mostrará um vídeo para os alunos, no qual serão vistos diferentes imigrantes que fazem aula de espanhol. Diferentes atividades serão mostradas, e os alunos verão como eles aprendem.

Revisão dos conhecimentos prévios

O que você acha que essas pessoas recém-chegadas deveriam aprender?
Entre as respostas dos alunos, haverá a necessidade de saber como se deslocar, onde estão os principais pontos de interesse, quais são as leis do país, como pagar impostos, quais serviços públicos podem usar, etc.
Entre tudo que surgir, destaca-se o fato de que devem conhecer uma língua o suficiente para poder se comunicar.

Identificação e explicitação dos diferentes problemas ou questões levantadas em função da situação
De todas as respostas que surgiram, eles decidem que o que poderiam ensinar seria a língua. Eles sabem o suficiente do seu idioma para ensinar um recém-chegado a se comunicar em espanhol? Que conhecimento acham que ele deveria aprender? Quais regras de ortografia? Qual vocabulário?
Delimitação do objeto de estudo (e concretização do produto final, quando apropriado)
Os alunos decidem que o mais urgente é que essas pessoas aprendam o vocabulário e as estruturas gramaticais mais simples, para que, no mínimo, possam procurar emprego, fazer compras, ir ao médico, comunicar-se na escola dos filhos, etc. Depois de preparar a lista, os alunos decidem que vão preparar algumas fichas de trabalho para ensinar espanhol aos imigrantes do bairro que queiram aprender.
FASE DE DESENVOLVIMENTO
Elaboração de hipóteses ou suposições
Os alunos propõem ensinar espanhol a imigrantes que frequentam a associação para estrangeiros do bairro. Para isso, escreverão uma carta oferecendo o serviço e organizarão uma entrevista, acompanhada pelo professor, para coordenar horários e formas de trabalho.
Definição das estratégias de pesquisa, comparação ou aplicação para comprovar as hipóteses anteriores
Dois alunos escolhidos pela turma irão à associação e apresentarão seu plano de trabalho e o programa das aulas. Os professores da associação pedirão que colaborem com um grupo que já está tendo aulas há alguns meses, com quem podem exercitar ortografia e pronúncia.
Realização da pesquisa, da comparação ou da aplicação
Uma vez que o programa tenha sido acordado com a associação, os alunos elaborarão as fichas de trabalho e prepararão suas aulas, bem como o calendário que seguirão com o grupo de alunos pelos quais serão responsáveis na associação. A elaboração das fichas de trabalho serve para rever as regras ortográficas, o vocabulário dos diferentes campos e também a fonética.

Métodos para ensinar competências **169**

Seleção de dados relevantes em relação à situação-problema inicial e comprovação das hipóteses iniciais
Quando tiverem preparado o material, os alunos estarão prontos para ir à associação, durante os horários de espanhol nas terças e quintas-feiras, durante as três semanas que a unidade didática durar. No total, são seis horas letivas, que se estendem com mais três de tutoria.
Comunicação do processo seguido e das informações obtidas
Terminada a experiência, os alunos serão avaliados pelos seus próprios alunos e pela pessoa responsável pela associação. Com essa informação, prepararão um artigo que será publicado na revista da escola.
Descontextualização e teorização sobre as aprendizagens realizadas
Os alunos realizaram um serviço para a comunidade e, ao mesmo tempo, revisaram o conteúdo de língua espanhola. Mas não apenas isso: essa experiência terá servido para refletir sobre as dificuldades das pessoas que chegam a um novo país, onde não conhecem o idioma e precisam recomeçar.
FASE DE SÍNTESE
Integração e visão global ampliada
Essa experiência também terá servido para que os alunos reflitam sobre as diferenças culturais que viveram e percebam que têm mais coisas em comum do que diferenças. O professor perguntará se gostariam de continuar colaborando com a organização ou se acham que poderiam iniciar novos projetos para facilitar a integração dessas pessoas ou de outros grupos.
Metacognição sobre o processo e o resultado: autoavaliação
Os alunos refletirão sobre o processo seguido e os resultados obtidos. Graças à avaliação da escola, poderão analisar como foi a experiência, os conteúdos linguísticos que trabalharam, os conteúdos culturais e sociais, bem como o processo formal de comunicação com entidades oficiais.
Estratégias de memorização
O professor continuará trabalhando os procedimentos em novas oficinas, bem como nas unidades de língua espanhola subsequentes. Quando surgirem assuntos relacionados aos movimentos migratórios, os professores aproveitarão a experiência vivida pelos alunos.

11

APRENDIZAGEM PRODUTIVA

Origem

A *aprendizagem produtiva* é um método de ensino que tem como núcleo a construção de um produto pelos alunos, em um contexto formativo e profissional especificamente selecionado para esse objetivo.

No documento *Productive Learning – What is it?*,[5] do Institute of Productive Learning in Europe (IPLE), o método é definido da seguinte forma:

> A aprendizagem produtiva é um tipo de aprendizagem baseada na atividade produtiva em situações sociais comprometidas; uma aprendizagem que se dá graças à experiência e à possibilidade de conseguir algo importante, tanto para si mesmo quanto para o seu entorno. (INEPS, 2012, documento *on-line*, tradução nossa).

O método tem sua origem na escola alternativa Cidade como Escola (*School-as-city*), que nasceu em Nova York em 1972. Essa escola oferecia aos jovens que não puderam concluir seus estudos obrigatórios a possibilidade de desenvolver e finalizar seu percurso educacional, em qualquer lugar da cidade, com base em seus próprios interesses. A cidade tornou-se assim uma escola, à medida que os alunos acessavam diferentes pontos da cidade, empresas e organizações formais para adquirir a aprendizagem necessária ao desenvolvimento da atividade prática que haviam escolhido previamente.

---

[5] INEPS. *Productive learning - what is it?* 2012. Disponível em: http://www.ineps.org/pdf/Productive%20Learning.pdf. Acesso em: 2 out. 2019.

Em 1991, foi criado em Berlim o IPLE, que hoje conta com 50 projetos de capacitação nos 15 países inscritos no âmbito da aprendizagem produtiva.

Descrição da sequência de ensino-aprendizagem

Embora a espinha dorsal do método seja o desenvolvimento de um produto, este é complementado por outros momentos formativos, em diferentes cenários, como veremos no desenvolvimento das fases de sua sequência de ensino-aprendizagem.

Fases da sequência de ensino-aprendizagem

No método da aprendizagem produtiva, cabe distinguir as seguintes fases:

1. Escolha individual do campo profissional

O processo começa com a escolha de um campo profissional pelos alunos, no qual devem desenvolver um produto. Trata-se de escolher em qual setor profissional querem se inserir, dependendo de seus interesses, capacidades e possibilidades de inserção socioprofissional.

2. Situação-problema

Consiste na elaboração de um produto do campo profissional selecionado, suficientemente complexo e que o aluno escolherá de acordo com o tutor. Esse produto pode ser uma cadeira, um par de óculos, um livro, um filme, um utensílio de cozinha, um catálogo, uma lâmpada, etc.

3. Levantamento de perguntas

Para desenvolver o produto, o aluno vai identificando questões que precisam ser respondidas. Ou seja, o próprio processo de elaboração mostra quais necessidades formativas têm relação com o campo profissional escolhido, seja ele técnico ou relacionado a conceitos, procedimentos, vocabulário específico, ferramentas, etc.

4. Exploração de fontes de informação de três áreas

O aluno preparará com o tutor seu plano de formação individual e o plano de trabalho que terá de seguir (preparado semanalmente). A estrutura do plano inclui três momentos diferentes:

- Sessões de comunicação (em grande grupo, na sala de dinâmicas), nas quais são trabalhados aspectos curriculares e habilidades transversais.
- Sessões teórico-práticas (individualmente, na sala de informática), nas quais se busca a informação necessária para elaborar o produto. Trabalha-se diretamente no desenvolvimento do produto e prepara-se um diário de formação, que é o instrumento que nos permite refletir sobre o que está sendo trabalhado todos os dias, o que foi identificado que é preciso aprender e o que está programado para se trabalhar no dia seguinte.
- Estágio em um contexto de trabalho (individualmente, na empresa). Na empresa, o aluno tem um tutor de prática que conhece a atividade produtiva e o ajuda oferecendo espaços e atividades em que possa adquirir as habilidades necessárias para desenvolvê-la.

Além disso, são contempladas sessões de tutoria para acompanhar o processo e revisar o plano de trabalho semanal. Dessa forma, o aluno pode participar da tomada de decisão do seu processo de aprendizagem, mas tem o acompanhamento constante de seu tutor, que o assessora ao mesmo tempo em que o ajuda a avaliar continuamente seu processo de aprendizagem.

5. Elaboração do produto

Ao longo de toda a sequência, o aluno desenvolve seu produto, em um processo de reflexão contínua. A cada dia, analisa o que precisa aprender para a sua realização, identifica qual é a fonte de informação que deve ser explorada (empresa, biblioteca, *sites* e *blogs* especializados, arquivos históricos, câmaras de comércio, associações profissionais, etc.) e planeja sua pesquisa. No dia seguinte, reflete sobre as aprendizagens realizadas, identifica novas necessidades de formação e planeja novamente as estratégias de busca.

6. Exposição do produto

Por fim, quando o aluno desenvolve o produto, ele o apresenta em um ato formal, diante de outros colegas e convidados relevantes, no qual ele pode explicar o processo seguido e mostrar seu resultado.

Podemos entender esquematicamente as fases desenvolvidas com a ajuda da Figura 11.1.

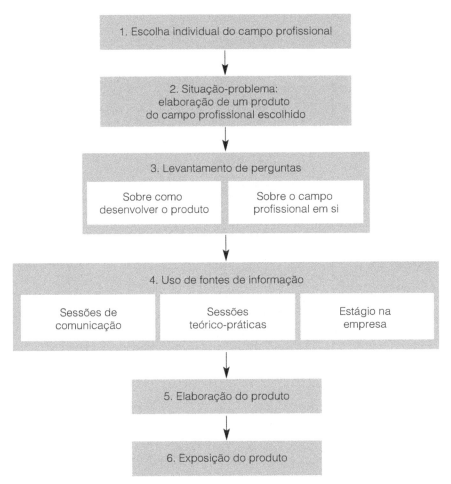

FIGURA 11.1. Fases do método de aprendizagem produtiva.

Fundamentação teórica

A seguir, faremos uma avaliação do potencial educacional desse método. Por um lado, veremos as competências que desenvolve; por outro, os princípios de aprendizagem inerentes a ele.

Função social: objetivos de aprendizagem

O enfoque globalizado do método permite desenvolver competências próprias de todas as áreas, mas, devido à forte carga de profissionalização, pensamos que é especialmente apropriado utilizá-lo no campo da educação de adultos, nos ciclos de formação e no ensino médio.

Além de todas aquelas aprendizagens curriculares que podem estar diretamente ligadas ao desenvolvimento do produto escolhido, nas sessões de comunicação é dada ênfase especial à aquisição dos aspectos metadisciplinares necessários para a inserção socioprofissional e o desenvolvimento do pensamento crítico a partir da análise de temáticas de interesse social, de modo que encontramos incidência nos quatro âmbitos, como veremos a seguir.

Âmbito pessoal

O método ajuda a desenvolver competências relacionadas à autonomia e iniciativa pessoal, comunicação, competência digital e, sobretudo, aprender a aprender.

O papel do aluno como orientador de seu processo de aprendizagem é priorizado, então ele deve aprender a estabelecer objetivos, gerenciar tempo e recursos, analisar o processo de aprendizagem, identificar fontes de informação e usá-las corretamente, detectar novas necessidades de formação e refletir sobre o seu progresso. Além disso, a competência comunicativa é essencial para refletir sobre esses aspectos em um diário de formação, entrar em acordo quanto aos objetivos com o tutor e o mentor por meio do diálogo e discutir com os colegas nas sessões de comunicação.

Âmbito interpessoal

As competências interpessoais que o método ajuda a desenvolver estão intimamente ligadas à relação entre o aluno e seus colegas, o aluno e seu tutor/educador e o aluno e seu mentor na empresa. Entre elas, encontramos a empatia, o respeito pelos outros, a comunicação assertiva, a negociação e o trabalho em equipe.

Âmbito social

A aprendizagem produtiva é um método que promove as competências próprias do âmbito social, trabalhadas tanto nas sessões de comunicação (pensamento crítico, cidadania global, vontade transformadora e melhoria do ambiente) quanto especificamente no estágio em um contexto social real e complexo como é a empresa (integração social, sentimento de grupo, respeito pelas normas de convivência).

Métodos para ensinar competências **175**

Âmbito profissional

O fato de os alunos poderem fazer estágios em empresas ou organizações torna-se uma fonte inquestionável de desenvolvimento de competências próprias do âmbito profissional. A empresa, nesse caso, torna-se objeto e meio de aprendizagem ao mesmo tempo. Como resultado dos conflitos ou situações que o aluno experimenta durante seu estágio, ele pode detectar novas necessidades de aprendizagem, bem como resolver questões que identificou em momentos anteriores.

Concepção da aprendizagem: princípios psicopedagógicos

Levando em consideração que o processo de aprendizagem é gerado em torno da atividade produtiva, dos momentos de trabalho descritos e da importância atribuída ao aluno como orientador do processo, observamos que os seguintes princípios psicopedagógicos são contemplados:

- *Elaboração e revisão dos conhecimentos prévios.* O aluno deve analisar o que sabe e o que precisa saber para orientar o plano de trabalho.
- *Aprendizagem funcional e significativa.* O aluno orienta o processo de aprendizagem para o desenvolvimento de um produto e identifica a aprendizagem necessária para atingir esse objetivo.
- *Aprendizagem "autodirigida".* O aluno estabelece o plano de trabalho, as fontes de informação e o processo a seguir.
- *Aprendizagem individualizada.* O aluno desenvolve seu próprio plano de formação individualizado e recebe um acompanhamento individualizado por parte de seu tutor e mentor na empresa.
- *Processamento ativo das novas informações.* O aluno não tem um papel passivo, mas pesquisa, identifica, manipula, analisa e integra as informações de que precisa.
- *Aprendizagem em contexto.* O estágio na empresa permite contextualizar as aprendizagens.
- *Aprendizagem colaborativa.* O aluno compartilha com os outros suas opiniões e reflexões sobre assuntos transversais relacionados à sua inserção sociolaboral.
- *Promoção da atitude favorável à aprendizagem.* O aluno escolhe a área e o produto.

- *Promoção do autoconceito e da autoestima.* A exposição de um produto final de qualidade – que o aluno elaborou de forma autônoma, com as próprias mãos, e que apresenta a um grupo de pessoas relevantes para ele – e a avaliação positiva que recebe por seu esforço formam um mecanismo que gera uma melhoria de sua autoestima e do conceito que tem de si mesmo, ao ver como é valorizado pelos outros.
- Feedback *e reflexão sobre o processo de aprendizagem.* É realizado um processo contínuo de metacognição, e o aluno recebe *feedback* permanente sobre sua evolução na empresa.

Análise e atualização

O método, entre outras razões devido ao momento de sua concepção e ao conhecimento dos processos de aprendizagem existentes nos anos 1980 (quando foi criado), contempla a maioria dos princípios psicopedagógicos da aprendizagem produtiva.

No Quadro 11.1, podemos comparar as fases do método de aprendizagem produtiva e as fases descritas para o ensino de competências. Além disso, na última coluna, é feita uma proposta de atualização, à luz do conhecimento que temos hoje sobre os processos de aprendizagem.

QUADRO 11.1. Fases do método de aprendizagem produtiva e fases para o ensino das competências: comparação e proposta de atualização

Fases para o ensino das competências	Fases da aprendizagem produtiva	Atualização
1. Estabelecimento dos objetivos. 2. Apresentação motivadora da situação em sua complexidade. 3. Revisão dos conhecimentos prévios.	1. Escolha individual do campo profissional. 2. Situação-problema (definição do produto).	Na própria definição do plano de formação individual, revela-se o conhecimento prévio do aluno e cria-se a motivação necessária para a aprendizagem.

(Continua)

Métodos para ensinar competências **177**

(Continuação)

Fases para o ensino das competências	Fases da aprendizagem produtiva	Atualização
4. Identificação e explicitação dos diferentes problemas ou questões levantadas em função da situação. 5. Delimitação do objeto de estudo (e concretização do produto final, quando apropriado). 6. Elaboração de hipóteses ou suposições. 7. Definição das estratégias de pesquisa, comparação ou aplicação para comprovar as hipóteses anteriores. 8. Realização da pesquisa, da comparação ou da aplicação. 9. Seleção de dados relevantes em relação à situação-problema inicial e comprovação das hipóteses iniciais. 10. Comunicação do processo seguido e das informações obtidas.	3. Levantamento de perguntas. 4. Exploração de fontes de informação de três áreas. 5. Elaboração do produto. 6. Exposição do produto. 7. Avaliação.	É importante exercitar os conteúdos procedimental e factual.
11. Integração e visão global ampliada. 12. Descontextualização e teorização sobre as aprendizagens realizadas. 13. Metacognição sobre o processo e o resultado: autoavaliação. 14. Estratégias de memorização e exercitação.		Como proposta de revisão, incluiríamos um momento final de transferência de aprendizagem. Também propomos atividades que ajudem na descontextualização e generalização para outras situações.

Aprendizagem produtiva: exemplos

PREPARAR UMA VARIEDADE DE PRODUTOS DE CONFEITARIA **NÍVEL DE ENSINO: Ensino médio** **ÁREAS: Física, química, matemática, tecnologia,** **ciências sociais e educação artística**
Competência-alvo: aplicar o processo de preparação de uma variedade de produtos de confeitaria, por meio do próprio projeto de formação e do estágio em uma padaria, para se familiarizar com o ambiente profissional de um confeiteiro e desenvolver competências profissionais relacionadas a essa área. **Metodologia:** propõe-se um projeto de aprendizagem produtiva na elaboração de um produto de confeitaria que o aluno aprenderá a preparar a partir de seu trabalho em sala de aula e no estágio na padaria.
FASE INICIAL
Estabelecimento dos objetivos
O aluno, junto com seu tutor, definirá seu objetivo de formação (ingressar no setor de alimentos, especificamente em uma padaria) e considerará adquirir as habilidades necessárias para se integrar nessa área.
Apresentação motivadora da situação em sua complexidade
O tutor apresentará ao aluno as diferentes possibilidades oferecidas nessa área, relacionando-a a diferentes tarefas, produtos ou notícias.
Revisão dos conhecimentos prévios
A primeira coisa que o aluno deverá considerar é o que ele sabe sobre essa área profissional. Está familiarizado com ela? Conhece alguém que trabalha na área? Como a imagina? Ele tem alguma ideia das tarefas realizadas em uma padaria? O que mais é feito além de pão? Sabe como é o processo de elaboração do pão? Todas as padarias vendem pão congelado? Todas as padarias são iguais? Existem produtos mais saudáveis do que outros?
Identificação e explicitação dos diferentes problemas **ou questões levantadas em função da situação**
Após essas perguntas, o aluno poderá verificar que existem muitas questões levantadas na área profissional que escolheu. Ele vai se concentrar em uma padaria que também é confeitaria, para aprender a fazer doces artesanais que sejam atraentes, saudáveis e criativos.

Métodos para ensinar competências **179**

Delimitação do objeto de estudo (e concretização do produto final, quando apropriado)
O aluno preparará uma variedade de doces que serão apresentados junto a um dossiê com seus ingredientes, suas informações nutricionais, seus efeitos sobre a saúde, sua origem e evolução, bem como a explicação de seu processo de elaboração.

FASE DE DESENVOLVIMENTO

Elaboração de hipóteses ou suposições
Desde o primeiro momento, o aluno estará trabalhando em conteúdos transversais nas sessões de comunicação, ligados principalmente a aspectos relacionados à comunicação oral e escrita, competências sociais e interpessoais. Esse processo será combinado com o desenvolvimento do seu projeto de formação individual, que incluirá sessões de tecnologia da informação e comunicação (TIC) na escola e o estágio na padaria. À medida que vai se familiarizando com o setor e o produto que deseja desenvolver, surgirão diferentes hipóteses que irá gradativamente contrastando: a necessidade de obter uma licença para manipular alimentos, as técnicas e tecnologias relacionadas à confeitaria, sua origem histórica, confeiteiros e boleiros mais valorizados em todo o mundo, a evolução do setor em sua cidade, os diferentes produtos com os quais se relaciona (biscoitos, cremes, bolos, tortas, chocolates...), etc.

Definição das estratégias de pesquisa, comparação ou aplicação para comprovar as hipóteses anteriores
As diferentes hipóteses que o aluno elaborar serão comparadas graças à sua pesquisa nas sessões de TIC, às novas tecnologias, ao estágio na empresa e às possíveis visitas a outras fontes de recursos, como museus, bibliotecas, arquivos históricos, etc.

Realização da pesquisa, da comparação ou da aplicação
À medida que surgirem novas questões, o aluno irá pesquisá-las por meio de várias fontes de informação. O objetivo é desenvolver o seu produto e o conhecimento relacionado à área profissional escolhida.

Seleção de dados relevantes em relação à situação-problema inicial e comprovação das hipóteses iniciais
Durante o processo, o aluno coletará dados múltiplos e variados. Trata-se de selecionar aqueles que pode aplicar ao seu produto e que o ajudarão a desenvolver seu diário reflexivo e seu projeto de formação individual.
Comunicação do processo seguido e das informações obtidas
Uma vez terminado o produto, o aluno o apresentará em um ato do qual participarão os membros da comunidade que forem convidados. O aluno mostrará seu produto e explicará o processo realizado.
Descontextualização e teorização sobre as aprendizagens realizadas
É importante que o aluno reflita sobre a área escolhida e as aprendizagens realizadas. Isso inclui não apenas o produto escolhido e desenvolvido, mas também a chance que teve de aprender, ao longo do processo, muitas competências ligadas à área profissional escolhida, além de competências comunicativas, sociais, de autonomia, de aprender a aprender, etc.
FASE DE SÍNTESE
Integração e visão global ampliada
Após a atividade, é importante que o aluno tente desenvolver novas ideias. Agora que se familiarizou com uma área profissional, é hora de decidir como deseja continuar. Quer continuar se aprofundando na área? Quer mudar de setor? Detectou alguma necessidade que deseja investigar e resolver?
Metacognição sobre o processo e o resultado: autoavaliação
O processo de metacognição será realizado de forma permanente, tanto nos tutoriais quanto no diário reflexivo pessoal e na elaboração e revisão dos planos de trabalho semanais. Mesmo assim, é importante, após o processo, que o tutor tenha uma última sessão com o aluno para conscientizá-lo de todas as aprendizagens realizadas.
Estratégias de memorização
A maioria das aprendizagens realizadas será reutilizada e reaproveitada em sequências posteriores, especialmente aquelas relacionadas às competências comunicativas, sociais e profissionais, bem como aquelas relacionadas ao autoconhecimento, à autonomia e ao aprender a aprender.

Métodos para ensinar competências **181**

PROJETAR UM PAR DE ÓCULOS DE SOL
NÍVEL DE ENSINO: Ensino médio
ÁREAS: Física, química, matemática, tecnologia, ciências sociais
e educação artística

Competência-alvo: aplicar o processo de projeção e produção de um par de óculos de sol, por meio do próprio projeto de formação e do estágio em uma ótica, para se familiarizar com o ambiente profissional de uma ótica e desenvolver competências profissionais relacionadas a essa área.

Metodologia: propõe-se um projeto de aprendizagem produtiva na elaboração de um produto (óculos de sol) que o aluno aprenderá a preparar a partir de seu trabalho em sala de aula e no estágio na ótica.

FASE INICIAL

Estabelecimento dos objetivos

O aluno, junto com seu tutor, definirá seu objetivo de formação: ingressar no setor de saúde, especificamente em uma ótica. Considerará a aquisição das competências necessárias para se integrar nessa área.

Apresentação motivadora da situação em sua complexidade

O tutor apresentará ao aluno as diferentes possibilidades oferecidas nessa área, relacionando-a a diferentes tarefas, produtos ou notícias.

Revisão dos conhecimentos prévios

O aluno vai se perguntar o que sabe sobre essa área profissional. Está familiarizado com ela? Conhece alguém que trabalha na área? Como a imagina? É preciso ser médico para trabalhar ou quais perfis profissionais trabalham em uma ótica? É preciso ter conhecimento de moda, física ou oftalmologia? Quem fabrica os óculos? Como eles são fabricados?

Identificação e explicitação dos diferentes problemas ou questões levantadas em função da situação

Após essas perguntas, o aluno poderá ver que existem muitas questões levantadas na área profissional que escolheu. Ele vai se concentrar em uma ótica que também fabrica os óculos que vende, para entender como é o processo de produção, quais técnicas precisa aprender, quais materiais e quais habilidades.

Delimitação do objeto de estudo (e concretização do produto final, quando apropriado)
O produto que o aluno terá definido são óculos de sol, pois estará familiarizado com o processo de fabricação, o *design*, a estrutura e o tipo de cristais associados à proteção dos raios UVA.

FASE DE DESENVOLVIMENTO

Elaboração de hipóteses ou suposições

O aluno combinará um processo de estabelecimento de hipóteses e comparação nas sessões de comunicação com o desenvolvimento de seu projeto de formação individual, as sessões de TIC e o estágio na ótica. À medida que se familiarizar com o setor e o produto que deseja desenvolver, surgirão diversas hipóteses que serão comprovadas em diferentes momentos e espaços.

O aluno pesquisará quais são as características que os óculos de sol devem ter: devem reduzir a radiação da luz visível direta, impedir a passagem da radiação ultravioleta, eliminar reflexos irritantes e aumentar o contraste. Da mesma forma, para se familiarizar com o setor, pesquisará sua história e evolução, bem como sua ligação com o mundo da moda e sua popularização e diversificação. Considerará desenvolver um estudo de mercado para investigar a tendência do produto, cada vez mais difundido entre a população.

Definição das estratégias de pesquisa, comparação ou aplicação para comprovar as hipóteses anteriores

As diferentes hipóteses que o aluno elabora serão comparadas graças à sua pesquisa nas sessões de TIC, às novas tecnologias e ao estágio na empresa, assim como em consequência de possíveis visitas a outras fontes de recursos, como lojas, clínicas, etc.

Realização da pesquisa, da comparação ou da aplicação

No processo, surgirão novas questões que o aluno pesquisará por meio das diferentes fontes de informação definidas. Essa pesquisa terá como objetivo desenvolver o seu produto e conhecimento da área profissional selecionada.

Métodos para ensinar competências **183**

Seleção de dados relevantes em relação à situação-problema inicial e comprovação das hipóteses iniciais
O aluno deve selecionar os dados necessários para projetar os óculos de sol, a partir de uma ampla gama de dados coletados em diferentes espaços e momentos do processo.
Comunicação do processo seguido e das informações obtidas
Uma vez terminado o produto, o aluno apresentará os óculos de sol em um ato do qual participarão os membros da comunidade que forem convidados. O aluno mostrará seu produto e explicará o processo realizado.
Descontextualização e teorização sobre as aprendizagens realizadas
É importante que o aluno reflita sobre a área escolhida e as aprendizagens realizadas. Ele não deve se limitar ao projeto e produção dos óculos, pois ao longo do processo aprendeu muitas outras competências transversais, como habilidades de comunicação, busca de informações, estética, matemática, etc.
FASE DE SÍNTESE
Integração e visão global ampliada
Por fim, o aluno fará novas reflexões e analisará novas possibilidades de formação. Quer continuar se aprofundando na mesma área? Quer mudar de setor? Detectou alguma necessidade que deseja investigar e resolver?
Metacognição sobre o processo e o resultado: autoavaliação
O aluno terá revisto o seu processo de aprendizagem ao longo da sequência, graças ao acompanhamento tutorial, à preparação de diferentes documentos e materiais e, em particular, ao diário reflexivo que será elaborado todos os dias no qual detectará as aprendizagens realizadas e as novas necessidades de aprendizagem. No entanto, o processo terminará com um tutorial final em que os resultados obtidos serão reunidos.
Estratégias de memorização
Muitas das aprendizagens serão retomadas nas atividades produtivas subsequentes, especialmente aquelas que estão ligadas a habilidades comunicativas, sociais, profissionais, de autoconhecimento, de autonomia e as estratégias de aprender a aprender.

184 Zabala & Arnau

FABRICAR UMA CADEIRA DE RODAS **NÍVEL DE ENSINO: Ensino médio** **ÁREAS: Matemática, física, tecnologia, ciências sociais e ética**
Competência-alvo: projetar e fabricar uma cadeira de rodas, por meio do próprio projeto de formação e do estágio em uma fábrica, para se familiarizar com o ambiente profissional dos produtos médicos e ortopédicos e desenvolver competências profissionais relacionadas a essa área. **Metodologia:** propõe-se um projeto de aprendizagem produtiva na elaboração de um produto (cadeira de rodas) que o aluno aprenderá a preparar a partir de seu trabalho em sala de aula e no estágio na fábrica.
FASE INICIAL
Estabelecimento dos objetivos
O aluno, junto com seu tutor, definirá seu objetivo de formação: ingressar no setor da saúde, especificamente em uma fábrica de produtos médicos e ortopédicos e adquirir as competências necessárias para se integrar nessa área.
Apresentação motivadora da situação em sua complexidade
O tutor apresentará ao aluno as diferentes possibilidades oferecidas nessa área, relacionando-a a diferentes tarefas, produtos ou notícias.
Revisão dos conhecimentos prévios
O aluno vai se perguntar o que sabe sobre essa área profissional. Está familiarizado com ela? Conhece alguém que trabalha na área? Como a imagina? Tem alguma ideia de que tipo de produtos fabrica? Quais perfis profissionais podem trabalhar na área? Quais tarefas são realizadas? São necessários conhecimentos de medicina, física, ergonomia, engenharia ou psicologia?
Identificação e explicitação dos diferentes problemas **ou questões levantadas em função da situação**
Após essas perguntas, o aluno poderá ver que existem muitas questões levantadas na área profissional que escolheu. Finalmente, ele comparecerá a uma fábrica de produtos ortopédicos para se familiarizar com as diferentes deficiências e os instrumentos e materiais disponíveis para atendê-las.

Métodos para ensinar competências **185**

Delimitação do objeto de estudo (e concretização do produto final, quando apropriado)
O produto escolhido pelo aluno consistirá no projeto e na fabricação de uma cadeira de rodas elétrica, dobrável e com um sistema ortostático automático.

FASE DE DESENVOLVIMENTO
Elaboração de hipóteses ou suposições
O aluno combina um processo de estabelecimento de hipóteses e comparação nas sessões de comunicação com o desenvolvimento de seu projeto de formação individual, as sessões de TIC e o estágio na fábrica. À medida que se familiarizar com o setor e o produto que deseja desenvolver, surgirão diferentes hipóteses que serão testadas em diferentes momentos e espaços e relacionadas à origem do produto, à evolução do mercado, aos tipos de deficiências e suas necessidades, ao conhecimento necessário para fabricar a cadeira de rodas (sistema elétrico, ergonomia, peso, medidas, materiais, estrutura, etc.), entre outras questões. Da mesma forma, o aluno entrará em um mundo cheio de barreiras arquitetônicas e perceberá as necessidades sociais e pessoais que pessoas com deficiência experimentam.
Definição das estratégias de pesquisa, comparação ou aplicação para comprovar as hipóteses anteriores
As diferentes hipóteses que o aluno elabora serão comparadas graças à sua pesquisa nas sessões de TIC, às novas tecnologias, ao estágio na empresa e às possíveis visitas a outras fontes de recursos, como prefeitura, centros sociais, clínicas médicas, etc.
Realização da pesquisa, da comparação ou da aplicação
O aluno pensará em novas questões que resolverá a partir de diferentes fontes de informação. Tudo isso para poder, enfim, desenvolver seu produto e o conhecimento da área profissional escolhida.
Seleção de dados relevantes em relação à situação-problema inicial e comprovação das hipóteses iniciais
O processo terá permitido que o aluno disponha continuamente de múltiplos dados e informações, entre os quais deverá escolher os que precisa para fabricar a cadeira de rodas, seguindo os requisitos definidos.

Comunicação do processo seguido e das informações obtidas
Uma vez terminado o produto, o aluno o apresentará em um ato do qual participarão os membros da comunidade que forem convidados. O aluno mostrará seu produto e explicará o processo realizado.
Descontextualização e teorização sobre as aprendizagens realizadas
É importante que o aluno reflita sobre a área escolhida e as aprendizagens realizadas. Além do processo de desenvolvimento da cadeira de rodas, o aluno terá se aproximado de uma indústria muito complexa, das necessidades de um grupo que às vezes não tem visibilidade suficiente em nosso entorno e das possibilidades oferecidas pela tecnologia e ciência nesse aspecto.
FASE DE SÍNTESE
Integração e visão global ampliada
Terminado o processo de produção, o aluno ampliará sua visão e estudará novos caminhos formativos. Quer continuar se aprofundando na mesma área? Quer mudar de setor? Identificou alguma necessidade que deseja investigar e resolver?
Metacognição sobre o processo e o resultado: autoavaliação
O aluno refletirá continuamente sobre seu processo de aprendizagem, seja nos tutoriais, seja preparando o diário reflexivo e os planos de trabalho semanais. Mesmo assim, quando o processo estiver concluído, se encontrará com o seu tutor para revisar as aprendizagens realizadas.
Estratégias de memorização
O aluno recuperará uma grande parte da aprendizagem realizada nos processos de formação subsequentes, especialmente aqueles relacionados às habilidades comunicativas, sociais, profissionais, de aprendizagem, de autoconhecimento e de autonomia pessoal.

12

CONSIDERAÇÕES FINAIS

Nos capítulos anteriores, revisamos em que consistem as competências educacionais, qual é a razão pedagógica e social que justifica sua introdução nas escolas e quais são as implicações do seu ensino.

A principal novidade de sua introdução nas salas de aula está na forma de abordar as unidades didáticas, já que a premissa principal deve ser a de que as aprendizagens realizadas pelos alunos se tornem significativas e funcionais. E isso significa que o conteúdo de aprendizagem deve ser ensinado a partir dessa abordagem. Mas como conseguimos isso? Vimos que há diversos métodos (a maioria deles surgiu no começo do século passado, mas também depois) que podem nos ajudar muito nessa tarefa, com algumas pequenas variações em relação à sua versão original.

Sob o guarda-chuva da pedagogia de projetos, analisamos o método de projetos de Kilpatrick (1918), os centros de interesse de Decroly (1997), o método de pesquisa do meio do Movimento di Cooperazione Educativa (MCE), os projetos de trabalho globais, o *role-playing* e a simulação, a resolução de problemas e o estudo de caso das universidades norte-americanas, a aprendizagem-serviço e a aprendizagem produtiva.

O conhecimento que temos hoje sobre os processos de aprendizagem nos recomenda abordar todos esses métodos em três fases diferentes: uma primeira fase de *síncrese*, uma segunda de *análise* e uma final de *síntese*.

Assim, todos os métodos devem sempre começar a partir de uma situação-problema que seja motivadora, funcional e significativa para os alunos. Do mesmo modo, é preciso compartilhar com eles os objetivos de aprendizagem da unidade e avaliar seus conhecimentos prévios para poder definir a sequência e as necessidades de aprendizagem para resolvê-la. Em seguida, na próxima fase, vamos desenvolver a sequência didática definindo os problemas ou as questões que terão de ser abordados, elaborando hipóteses ou suposições de resposta, definindo as fontes de informação onde podem ser encontradas as respostas, aplicando a pesquisa, analisando os dados coletados para tirar conclusões e, por fim, comunicá-las, descontextualizando as aprendizagens da situação-problema inicial e estabelecendo generalizações que podem ser aplicáveis a novos casos. Finalmente, na última fase, tentaremos traçar uma visão mais global e ampliada, revisaremos o processo seguido e as aprendizagens realizadas e estabeleceremos estratégias que nos permitam a memorização *a posteriori*.

Como podemos ver, todas as fases têm por objetivo ajudar os alunos a construir a sua aprendizagem de uma forma significativa, ligando-a profundamente com as suas ideias prévias e influenciando de modo positivo a sua autoestima, seu autoconceito e sua motivação para a aprendizagem.

No entanto, sabemos que essas diretrizes devem ser complementadas com outros momentos de exercitação, vivências e memorização, que nos ajudem a trabalhar sistematicamente os componentes procedimentais, atitudinais e factuais das competências. Esses momentos podem ser desenvolvidos em oficinas ou espaços que coexistam com momentos de *projeto*, e neles é preciso ver a necessidade de aprender esses conteúdos de aprendizagem.

Ao longo do livro, também ficou comprovado que não precisamos apenas traçar nossas atividades de ensino-aprendizagem de maneira diferente. Também é importante ter clareza sobre nossas intenções educacionais e traduzi-las, assim, em outras formas de organização social, a partir de agrupamentos flexíveis, trabalho cooperativo, discussões em grandes grupos, etc. É importante aproveitar o potencial do ambiente para que os alunos possam ver as situações-problema que apresentamos de maneira próxima e significativa.

Quando temos essas diretrizes claras e internalizamos os requisitos de uma educação por competências, podemos trabalhar nessa linha, passo a passo. Primeiro, podemos trabalhar de maneira mais indutiva, não dedutiva e focada na teorização de conteúdo, para então progressivamente tender a uma abordagem globalizante, graças à coordenação entre diferentes especialistas, e capacitar os alunos em seu próprio processo de aprendizagem.

Para finalizar, é preciso apenas acrescentar que tentamos fornecer orientações e ideias aos professores que os ajudem a refletir sobre seu trabalho em sala de aula, bem como mostrar diferentes estratégias para enfrentar o desenvolvimento de competências dos alunos a partir de uma visão de formação integral, não apenas abordando conteúdos disciplinares, mas também atuando sobre competências pessoais, interpessoais, sociais e profissionais.

REFERÊNCIAS

BADEN-POWELL, R. S. *Guía para el jefe de tropa*. México: Gerencia de Publicaciones de la Asociación Scout de México, 1922.

CAMPO, L. ¿Cómo llevar a cabo una actividad de aprendizaje servicio? *Aula de Innovación Educativa*, n. 186, 2009.

CIARI, B. *Modos de enseñar*. Barcelona: Reforma de la Escuela, 1980.

DECROLY, O. *La funció de la globalització i altres escrits*. Vic: Eumo, 1997.

DELORS, J. *et al*. Los cuatro pilares de la educación. *In*: UNESCO. *La educación encierra un tesoro*. Madrid: Santillana; UNESCO, 1996. p. 91-103. Informe a la UNESCO de la Comisión Internacional sobre la Educación para el Siglo XXI.

ESPAÑISTAN. La burbuja inmobiliaria a la crisis by Aleix Saló. [S. l.: s. n., 2011]. 1 vídeo (6 min). Publicado pelo canal Aleix Saló. Disponível em: https://www.youtube.com/watch?v=N7P2ExRF3GQ. Acesso em: 3 mar. 2020.

HERNÁNDEZ, F.; VENTURA, M. *La organización del currículum por proyectos de trabajo*. Barcelona: ICE-UB; Graó, 1992.

INEPS. *Productive learning - what is it?* 2012. Disponível em: http://www.ineps.org/pdf/Productive%20Learning.pdf. Acesso em: 2 out. 2019.

KILPATRICK, W. H. The project method. *Teachers College Record*, n. 19, p. 319-335, 1918.

MARTÍN LUIS, J. Música, enseñanza y ordenadores. *Revista Interuniversitaria de Formación del Profesorado*, n. 13, p. 67-85, 1992.

ORTS, M. *El aprendizaje basado en problemas (ABP)*. Barcelona: Graó, 2011.

190 Referências

PHILIPS, G. Ideas for impact educational techniques. *In*: CAIRN, R. W.; KIELSMEIER, J. *A sourcebook on integrating youth service into the school curriculum*. Minneapolis, MN: National Youth Council, 1991. p. 84.

POZO, J. I. *Nuevas formas de pensar la enseñanza y el aprendizaje*. Barcelona: Graó, 2010.

PUIG, J. M. *et al. Aprenentatge servei*: educar per a la ciutadania. Barcelona: Octaedro, 2006.

RAJADELL, N. Los procesos formativos en el aula: estrategias de enseñanza-aprendizaje. *In*: SEPÚLVEDA, F.; RAJADELL, N. (coord.). *Didáctica general para psicopedagogos*. Madrid: UNED, 2001. p. 465-525.

RODRÍGUEZ LÓPEZ, J. L.; MEDRANO BASANTA, G. *La formación en las organizaciones*. Madrid: Eudema, 1993.

SALAS PEREA, R. S.; ARDANZA ZULUETA, P. La simulación como método de enseñanza y aprendizaje. *Educación Médica Superior*, v. 9, n. 1, 1995.

SCARCELLA, R C.; OXFORD, R. L. *The tapestry of language learning*: the individual in the communicative classroom. Boston: Heinle & Heinle Publishers, 1992.

TONUCCI, F. *La escuela como investigación*. Barcelona: Reforma de la Escuela, 1979.

WILLINGHAM, D. *¿Por qué a los niños no les gusta ir a la escuela?* Barcelona: Graó, 2011.

ZABALA, A. *Enfoque globalizador y pensamiento complejo*. Barcelona: Graó, 1999.

ZABALA, A.; ARNAU, L. *11 ideas clave*: cómo aprender y enseñar competencias. Barcelona: Graó, 2007.

Leituras recomendadas

ALCAIDE, A. *et al. Recursos y estrategias para estudiar ciências sociales*. Barcelona: Graó, 2010.

ALFIERI, F. Crear cultura dentro y fuera de la escuela: algunos modelos posibles. *In*: CONGRESSO INTERNACIONAL DE DIDÁCTICA. 1., 1993, A Coruña. *Volver a pensar la educación*. Madrid: Morata, 1995. (Prácticas y discursos educativos, v. 1).

ALGÁS, P. *et al. Los proyectos de trabajo en el aula*. Barcelona: Graó, 2012.

ARPIN, L.; CAPRA, L. *L'apprentissage par projets*. Montreal: Chenelière; McGraw-Hill, 2000.

BLAKEMORE, S. J.; FRITH, U. *Cómo aprende el cerebro*. Barcelona: Planeta, 2005.

BORDALLO, I.; GINESET, J. P. *Pour une pédagogie du projet*. París: Hachette, 1993.

BOSCH, J. M.; MUSET, M. *Iniciación al método Decroly*. Barcelona: Teide, 1980.

Referências 191

COLL, C. (coord.). *Desarrollo, aprendizaje y enseñanza en la educación secundaria*. Barcelona: Graó, 2012.

COLL, C. *et al. El constructivismo en el aula*. Barcelona: Graó, [199-?]. (Biblioteca de aula, 2).

DEL CARMEN, L. *Investigación del medio y aprendizaje*. Barcelona: Graó, 1988.

DEWEY, J. *Cómo pensamos*: nueva exposición de la relación entre pensamiento reflexivo y proceso educativo. Barcelona: Paidós, 1989.

DEWEY, J. *Democràcia i escola*. Vic: Eumo, 1985.

DEWEY, J. *Democracia y educación*. Madrid: Morata, 1995.

DEWEY, J. School and society. *In*: DEWEY, J. *The middle works of John Dewey*. Carbondale: Southern Illinois University, 1899. v. 1.

FRABBONI, F. Un manifiesto pedagógico de la educación ambiental. Por qué y cómo el medio ambiente en la escuela. *In*: CONGRESO INTERNACIONAL DE DIDÁCTICA, 1., 1993, A Coruña. *Volver a pensar la educación*. Madrid: Morata, 1995. (Prácticas y discursos educativos, v. 2).

FREINET, C. *Técnicas Freinet de la escuela moderna*. Madrid: Siglo XXI, 1980.

GARCÍA, E.; GARCÍA, F. *Aprender investigando*: una propuesta metodológica basada en la investigación. Sevilla: Díada Editoras, 1989.

GARCÍA MADRUGA, J. A. Aprendizaje por descubrimiento frente aprendizaje por recepción. *In*: COLL, C.; PALACIOS, J.; MARCHESI, A. (comp.). *Desarrollo psicológico y educación, II*. Madrid: Alianza Editorial, 1990.

GIARDELLO, G.; CHIESA, B. *Àrees de recerca a l'escola elemental*. Barcelona: Avance, 1977.

GINER, N.; PARCERISA, A. *Planificación y análisis de la práctica educativa*. Barcelona: Graó, 2003.

HERNÁNDEZ, F. Repensar la función de la Escuela desde los proyectos de trabajo. *Pátio: Revista Pedagógica*, n. 6, p. 26-31, 1998.

IMBERNÓN, F. *Il movimento de cooperazione educativa*. Barcelona: Laia, 1982.

IMBERNÓN, F. *Las invariantes pedagógicas y la pedagogía Freinet cincuenta años después*. Barcelona: Graó, 2010a.

IMBERNÓN, F. *Procesos y contextos educativos*: enseñar en las instituciones de educación secundaria. Barcelona: Graó, 2010b.

KIELSMEIER, J. *A sourcebook on integrating youth service into the school curriculum*. Minneapolis, MN: National Youth Council, [20-?]. p. 84.

KILPATRICK, W. H. *Perspectivas: Revista Trimestral de Educación Comparada*, v. 27, n. 3, p. 503-521, 1997.

192 Referências

KNOLL, M. The project method: its vocational education origin and international development. *Journal of Industrial Teacher Education*, v. 34, n. 3, p. 59-80, 1997.

OLVERA, F. *La investigación del medio en la escuela*. Granada: Fundación Paco Natera, 1986.

PÉREZ GÓMEZ, A. (coord.). *Aprender a enseñar en la práctica*: procesos de innovación y práctica de formación en la educación secundaria. Barcelona: Graó, 2010.

PERRENOUD, P. *Cuando la escuela pretende preparar para la vida. ¿Desarrollar competencias o enseñar otros saberes?* Barcelona: Graó, 2012.

PUIG, J. M. *Compromís cívic i aprenentatge a la universitat*. Barcelona: Graó, 2012.

PUIG, J. M. *et al. Aprendizaje servicio (ApS)*: educación y compromiso cívico. Barcelona: Graó, 2009.

RICHARDS, C. R. The function of handwork in the school. *Teachers' College Record*, n. 1, p. 249-259, 1900.

TRILLA, J. (coord.). *El legado pedagógico del siglo XX para la escuela del siglo XXI*. Barcelona: Graó, 2001.

WOODWARD, C. M. *The manual training school, comprising a full statement of its aims, methods, and results*. Boston: Health, 1887.

ZABALA, A. *Enfoque globalizador y pensamiento complejo*. Barcelona: Graó, 1999.

ZABALA, A. *La práctica educativa*. Barcelona: Graó, 1995.

ZABALA, A. (coord.). *Què, quan i com ensenyar les competències bàsiques a secundària*. Barcelona: Graó, 2011.